はじめに

　YouTube「食堂あさごはん」やインスタグラムなどを通じて、料理の発信をするようになって7年ほど経ちます。その間、見てくださっている方からたくさんのメッセージをいただき、時にはリクエストにお答えしてきました。

　これまで特にリクエストが多かったのが、「作り置き」「小さなおかず」「家にあるもので手軽にできておいしい料理」「栄養バランスのよい献立」などです。これまでも、それぞれのリクエストのお答えを発信してきましたが、これらすべての答えを兼ね備えているのが、この『素材ひとつですぐできる　絶品副菜』です。

　毎日の食卓を整えるうえで、管理栄養士として決して素通りできないのが「献立」という考え方です。多くの素材を使って一品に仕上げたり、どんぶりのように一皿で完結する食事は、洗い物も少なく済んで、とても手軽です。

　でも、栄養バランスに加えて、口の健康や認知機能の維持などを考え

ると、面倒でも、食事に小さな副菜を添えて、さまざまな味、香り、食感、色を楽しむことは、どの世代の方にとっても、とても大切なことです。

　本書では、副菜のレシピだけでなく、旬の野菜をムダなく使うための保存法、調理のコツに加え、すぐに役立つ献立もご紹介しています。

　私はピアノが好きで、毎日弾いています。ピアノの魅力はいくつかの鍵盤を同時に抑えると、美しいハーモニーを奏でることです。この響きは、バランスが整った献立が織り成す豊かな味わいに似ているな、といつも感じています。

　献立を考えるのは難しいという方が多いですが、献立上手の第一歩は、副菜のレパートリーを増やすことです。皆さんも、本書で副菜のレパートリーを増やして、美しいハーモニーを奏でる食卓を楽しんでいただければ幸いです。

2025年5月　中井エリカ（管理栄養士）

素材ひとつですぐできる　絶品副菜
CONTENTS

- 2　はじめに
- 8　この本の使い方

prologue　絶品副菜を作るための準備
- 10　あると便利な道具
- 12　あると便利な常備食材
- 14　自分で作れる！　ドレッシング＆漬け汁＆たれ
- 16　　副菜ってどんなもの？

part 1　季節の野菜で絶品副菜
- 18　春野菜　見るだけで作れる！　いちばん簡単な副菜
- 20　春野菜の扱い方　ひと口メモ

キャベツの副菜
- 22・24　キャベツのごま和え／キャベツの梅和え
- 23・25　キャベツのさっと煮／キャベツのレンジ蒸し

さやえんどうの副菜
- 26・28　さやえんどうのペペロン炒め／さやえんどうのお浸し
- 27・29　さやえんどうのナムル／さやえんどうの柚子胡椒マヨ和え

セロリの副菜
- 30・32　セロリのマリネ／セロリの中華和え
- 31・33　無限セロリ／セロリのコンソメ煮

新玉ねぎの副菜
- 34・36　新玉ねぎの南蛮漬け／新玉ねぎのサラダ
- 35・37　新玉ねぎのバターしょうゆ／新玉ねぎの塩昆布サラダ

その他の春野菜の副菜
- 38・40　レタスのねぎ塩サラダ
- 38・40　菜の花のマスマヨ和え
- 39・41　無限にら
- 39・41　アスパラのしょうが煮浸し

42 夏野菜　見るだけで作れる！　いちばん簡単な副菜
44 夏野菜の扱い方　ひと口メモ

きゅうりの副菜
46・48 焼ききゅうり／きゅうりのわさび漬け
47・49 きゅうりの塩昆布和え／きゅうりの酢の物

オクラの副菜
50・52 オクラのカレー炒め／オクラの柚子胡椒マリネ
51・53 オクラのオイスターソース和え／オクラキムチ

なすの副菜
54・56 蒸しなすのごま酢和え／なすの煮浸し
55・57 なすのチーズ焼き／なすのさばみそ缶煮

トマト＆ミニトマトの副菜
58・60 トマトの粉チーズ焼き／トマトのおろし和え
59・61 トマトの浅漬け／ミニトマトのスープ煮

その他の夏野菜の副菜
62・64 しし唐の焼き浸し
62・64 さやいんげんのにんにく蒸し
63・65 ピーマンの明太サラダ
63・65 ズッキーニのバターポン酢ソテー

66 秋野菜　見るだけで作れる！　いちばん簡単な副菜
68 秋野菜の扱い方　ひと口メモ

かぼちゃの副菜
70・72 かぼちゃの塩バター／かぼちゃの甘辛焼き
71・73 かぼちゃのごまみそ煮／かぼちゃのサラダ

きのこの副菜
74・76 えのきユッケ／きのこの酒蒸し
75・77 きのこのオイマヨソテー／エリンギメンマ

にんじんの副菜
78・80 にんじんのカレーソテー／にんじんのハムサラダ
79・81 にんじんのたらこ炒め／にんじんのコンソメバター煮

じゃが芋の副菜
82・84 じゃが芋の甘辛煮／じゃが芋のしらすサラダ
83・85 のり塩ポテト／じゃが芋のみそマヨ和え

その他の秋野菜の副菜
86・88 ごぼうのみそ漬け
86・88 長芋のにんにくめんつゆ漬け
87・89 れんこんきんぴら
87・89 玉ねぎのカレーピクルス

90 冬野菜　見るだけで作れる！　いちばん簡単な副菜
92 冬野菜の扱い方　ひと口メモ

かぶの副菜
94・96 かぶの梅煮／かぶのたらこサラダ
95・97 かぶのにんにくバター炒め／かぶの塩昆布漬け

大根の副菜
98・100 大根ののりわさサラダ／大根のツナ煮
99・101 大根のしょうが焼き／大根のごまマヨ和え

白菜の副菜
102・104 白菜のコールスロー／白菜の中華和え
103・105 白菜のバターしょうゆ焼き／白菜のくたくた煮

小松菜の副菜
106・108 小松菜の煮浸し／小松菜のオイル蒸し
107・109 小松菜のマスタードサラダ／小松菜のからし和え

その他の冬野菜の副菜
110・112 ほうれんそうのナムル
110・112 春菊のチーズサラダ
111・113 焼きねぎの一味しょうゆ
111・113 ブロッコリーのしょうが蒸し
114 　column　中井家の食卓

part 2　たんぱく質がとれる絶品副菜

- 116　たんぱく質がとれる素材
　　　見るだけで作れる！いちばん簡単な副菜
- 118　たんぱく質がとれる素材の扱い方　ひと口メモ

鶏胸肉の副菜
- 120　鶏胸肉のチャーシュー／鶏胸肉のステーキ

ささ身の副菜
- 121　ささ身のラー油漬け／ささ身のチーズ焼き

卵の副菜
- 122　塩卵／卵焼き

豆腐の副菜
- 123　豆腐のオイスターソース煮／崩し豆腐ののりサラダ

厚揚げの副菜
- 124　厚揚げの煮物／厚揚げのケチャップソース

油揚げの副菜
- 125　油揚げのねぎおかか／油揚げのたらこチーズ焼き

レバーの副菜
- 126　レバーのごまポン酢／レバーのソース煮

砂肝の副菜
- 127　砂肝のねぎ和え／砂肝の七味焼き

◆この本の決まり

【分量について】
小さじ1は5cc、大さじ1は15cc、カップ1は200mlです。

【電子レンジについて】
加熱時間は600Wの場合を表記しています。500Wをお使いの方は、600÷500×時間の計算式で、加熱時間を計算できます。1分の場合は1分12秒、2分の場合は2分24秒です。

【材料について】
めんつゆは市販品の場合、3倍濃縮タイプをお使いください。14ページのめんつゆは、著者のオリジナルレシピで、市販の3倍濃縮タイプに相当します。

【献立について】
バランスのよい献立は、主食＋汁物＋主菜＋副菜2つです。汁物は、みそ汁でもスープでも、飲み物でもかまいません。
本書では、主菜に付け合わせがある場合（とんかつにせん切りキャベツ、ハンバーグににんじんのグラッセなど）は、付け合わせを副菜1つ分、主食とおかずが一体化している場合（カレーライス、ラーメンなど）は、主食＋主菜＋副菜1つ分、または主食＋主菜＋汁物と数えています。

◆この本の使い方

この本は、素材をひとつだけ使った、さまざまな副菜の作り方をご紹介しています。最も栄養価が高く価格も安い旬の時期がわかるよう、季節ごとにページを区切っています。

● 見るだけで作れる！いちばん簡単な副菜

旬の野菜のいちばん簡単な食べ方をご紹介しています。写真を参考に、作りやすい分量でお試しください。

● 素材の扱い方　ひと口メモ

素材の特徴、保存方法、基本の調理法などをご紹介しています。

ひと目でわかるいちばん簡単な食べ方
季節名
素材名
すぐ食べるときの味付け
作り置きにするときの味付け

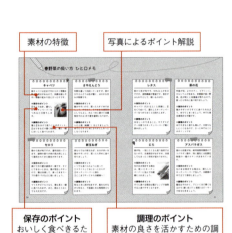

素材の特徴
写真によるポイント解説
保存のポイント　おいしく食べきるための保存法
調理のポイント　素材の良さを活かすための調理のコツ

● アレンジアイデアと献立ノート

カラーページでご紹介したレシピについて、レシピの解説・調理のポイント・アレンジアイデア・献立のポイントをご紹介しています。

料理の写真
レシピ
レシピの解説
献立のポイント　栄養面・味覚面双方からの献立の提案
調理のポイント　失敗しないための調理のコツ
アレンジアイデア　追加で足すとよい食材の提案、主菜にするためのアイデアなど、アレンジ法

prologue

絶品副菜
を作るための準備

素材ひとつで、すぐにおいしい副菜を作るためには、次の３つの準備が必要です。
① 時短と作り置きに適した使いやすい道具
② 味付けや彩りに便利な常備できる食材
③ すぐ食べるときにも作り置きにも適したたれ

まずこの３つの準備をご紹介します。

あると便利な道具

●洗うときの道具

水切りボウル：底が斜めになっていて側面に小さな穴があるボウル。傾けるだけで水がきれるので、葉物を洗う際や、米とぎに最適。

竹ざる：ステンレス製より水がよくきれ、ゆで野菜を冷ますときも活躍。

●切るときの道具

  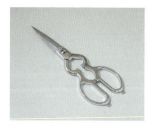

スライサー：にんじんなど硬い野菜をせん切りにする際は、包丁より楽。

チョッパー：ドレッシングを作るときなど、大量にみじん切りにする際の必需品。

キッチンばさみ：少量切るときは、まな板いらずで包丁より便利。

●加熱するときの道具

小さな土鍋：1～3人分のご飯なら、炊飯器より早くふっくらおいしく炊ける。

電子レンジのふた：シリコン製のふた。毎回ラップを使うよりエコ。

落としぶた：木製を愛用。使用前に水にくぐらす。オーブンシートやアルミホイルでも代用可。

キッチンにお気に入りの道具があると、毎日食事を作るのが楽しくなります。副菜作りに必ず役立つ、私のお気に入りの道具をご紹介します。どれもネットショップや大型スーパーなどで購入できるものです。

● 配膳するときの道具

小さな器：直径9〜13cm前後のお皿が数枚あると、献立が楽しくなる。

トレイまたはお盆：主食・汁・主菜に加えて、副菜を2つ載せられるトレイがあると、手軽に栄養バランスを整えやすくなる。配膳も楽。

● 保存するときの道具

保存容器：漬物など冷たい副菜はホーロー、温めて食べたい副菜は耐熱容器で保存。

保存袋：冷凍保存したい場合は、保存袋が最適。シリコン製の保存袋ならくり返し使用可。

スタンド：ビニール製の保存袋を使用する際、あるととても便利。

● その他の道具

計量ボウル：目盛りがあるボウルなら、計量カップで量る手間が省ける。

木べら：これ1本で炒める、混ぜる、つぶす、すくう四役こなすすぐれもの！

まな板スタンド／包丁スタンド：よく使うので、すぐ取れる場所に置いておけば使いやすい。

あると便利な常備食材

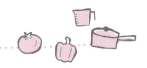

● 香りをアップできる食材

にんにく：薄切り、みじん切り、すりおろしで和洋問わず香りづけに。冷蔵庫でも手軽に保存可。

しょうが：薬味や下味などに。水に浸けて冷蔵庫で保存がおすすめ。

ねぎ：薬味や料理の仕上げに。輪切りにして冷蔵保存か冷凍保存に。

赤しそのふりかけ：彩り、香りづけ、調味料がわりに、和え物などにも利用できる。

カレーパウダー：味に変化をつけたいときに便利。食欲増進効果も。

柚子胡椒：香りと辛味、塩味があるので、香りづけだけでなく、調味料がわりになる。

ごま：仕上げにふりかけるだけで香ばしさとビタミン・ミネラルをプラス！

青のり：磯の香りをプラス。汁物、揚げ物など和洋問わず、幅広い料理に。

焼きのり：もんで和え物にしたり、はさみで切って上に散らすなど、使い勝手がよい。

素材はひとつでも、常備している食材を使わない手はありません。上手に使えば、同じ素材の同じ調理法でも、まったく違う料理に仕上げることも可能。レパートリーを増やすのに役立つ、常備したい食材をご紹介します。

●味わいをアップできる食材

キムチ：ピリ辛感をプラス。少量使うだけで、発酵食ならではの深い味わいに。

梅干し：たたいて料理に混ぜれば酸味と塩味でさっぱりした味に。食欲増進効果も。

塩昆布：昆布のうまみと、しっかりした塩味で、調味料がわりに。細切りタイプが便利。

●ボリュームをアップできる食材

チーズ：載せて焼く、ちぎって仕上げに散らす、和えるなど、活用できる。

ハム：そのまま食べられて味もしっかり。刻んでサラダや和え物に。

魚缶：ツナ、さば、鮭など、うまみ・ボリュームに加えて栄養面でも強い味方。

●見た目をアップできる食材

貝割れ菜：仕上げに添えるだけで彩り豊かに。ハーブやスプラウトでも。

コーン缶：鮮やかなビタミンカラーで、料理が華やかに。小皿に盛るだけで一品に。

削り節：見た目が華やかになるだけでなく、うまみと香りもアップ。

自分で作れる！
ドレッシング & 漬け汁 & たれ

●おなじみ調味料で作るドレッシング

みそマヨドレッシング
みそ…大さじ1
マヨネーズ…大さじ2
砂糖…小さじ1

マヨチーズドレッシング
マヨネーズ…大さじ2
粉チーズ…大さじ1
豆乳…大さじ½
こしょう…少々

ケチャップドレッシング
ケチャップ…大さじ3
しょうゆ…小さじ1
砂糖…小さじ1
おろしにんにく…小さじ½

●野菜がおいしくなる簡単漬け汁

ポリポリ汁
しょうゆ…80㎖
酢…80㎖
砂糖…50g
輪切り唐辛子…小さじ1

浅漬け汁
白だし…50㎖
水…150㎖
輪切り唐辛子…適量

甘酢汁
酢…180㎖
砂糖…60g
塩…大さじ½

●市販調味料を手作りで

すし酢
酢…180㎖
砂糖…70g
塩…20g
昆布…10cm程度

ポン酢しょうゆ
しょうゆ…100㎖
みりん…80㎖
酢…100㎖
昆布…10cm程度

めんつゆ
しょうゆ・酒…各200㎖
みりん…150㎖
昆布…10cm程度
削り節…8g

メインの素材がひとつの場合、味に変化をつける決め手は調味料です。ここでは、ドレッシング、漬け汁、たれなど、一生使える黄金律をご紹介します。作りやすい分量なので、量を調整して作ってください。

● 肉・魚・野菜 なんにでも合う万能だれ

ハニーマスタードソース
粒マスタード…大さじ2
しょうゆ…大さじ1
はちみつ…大さじ1

にんにくだれ
にんにく（みじん切り）…3片分
しょうゆ…大さじ4
みりん…大さじ4

ビビンだれ
コチュジャン…大さじ5
酢…大さじ4
しょうゆ・砂糖・ごま油…各大さじ3
おろしにんにく…小さじ1
韓国唐辛子…適宜

● 野菜で作る万能だれ

にんじんソース
にんじん（すりおろす）…1本分
酢・サラダ油…各大さじ3
砂糖…大さじ1
塩…小さじ½

トマトソース
トマト（ざく切り）…1個分
豆板醤…小さじ½〜1
しょうゆ…大さじ3
酢・砂糖…各大さじ1

きゅうりだれ
きゅうり（みじん切り）…1本分
しょうが（みじん切り）…1片分
しょうゆ・酢…各50ml
砂糖・ごま油…各大さじ3
白いりごま…大さじ2

にらだれ
にら（みじん切り）…1束分
しょうゆ…大さじ3
オイスターソース・ごま油・砂糖・
白いりごま…各大さじ1

ねぎ塩だれ
長ねぎ（みじん切り）…1本分
ごま油…大さじ3
塩…小さじ½

香味だれ
長ねぎ（みじん切り）…½本分
にんにく・しょうが（みじん切り）…各1片分
しょうゆ…大さじ3
砂糖・ごま油・白いりごま…各大さじ1
韓国唐辛子…適宜

column 副菜ってどんなもの？

献立全体を考えたとき、あくまで主役は主菜なので、副菜は調整役です。では、どんな調整をするかというと、さまざまな役割があります。

1　味覚の調整
味覚には、甘み・酸味・塩味・苦み・うまみの五味があります。一度の食事でたくさんの味覚がとれることが理想です。たとえば、主菜が煮物なら、副菜は酸味のきいた酢の物などがバランスのよい献立です。

2　彩りの調整
彩り豊かな料理は、食欲も増進させてくれます。煮物や揚げ物ばかりだと、全体が茶色っぽくなりますが、そこにサラダや和え物が加わると、色がプラスされて彩り豊かになります。

昔から一汁三菜という考え方があり、おかずは3つあるとよい

3　栄養バランスの調整
上の2つに気を付けて副菜を作ると、自然と献立全体の栄養バランスが整います。

これにプラスして、中井流の副菜のこだわりをご紹介しましょう。

1　旬の野菜を使う
旬の野菜はスーパーでも一番目立つところに置いてあり、価格も安くて栄養も豊富で一石二鳥！ 副菜で季節を感じましょう。

2　主菜よりおいしくする
主菜はがんばるのに、副菜はなんでもいい、というのは少し残念。副菜にこそ、経験とセンスが表れます。副菜をおいしく作って料理上手をめざしましょう。

それぞれの野菜の扱い方を覚えると、副菜のレパートリーが増える

3　主菜より手間をかけない
主菜に手がかかるからこそ、副菜は手をかけずにシンプル調理がいちばん！

副菜だからこそ、素材ひとつでいい！

part 1

季節の野菜で 絶品副菜

part 1 で紹介する副菜には次の3つの特徴があります。

① 季節の旬の野菜ひとつだけで作れる副菜
② 3ステップ以内で作れる副菜
③ すぐに作れて作り置きにもなる副菜

旬の野菜は安く買えて栄養も豊富です。毎日の食卓にぜひ取り入れてください。

春野菜 — いちばん簡単な副菜

見るだけで作れる！

キャベツ

準備：一口大に切る

すぐ食べる	作り置き
浅漬け汁に漬ける	浅漬け汁に漬ける
→ P14 中	→ P14 中

さやえんどう

準備：ゆでる

すぐ食べる	作り置き
水で3倍に薄めためんつゆをかける	水で3倍に薄めためんつゆに漬ける
→ P14 下	→ P14 下

セロリ

準備：茎は一口大、葉はせん切りにする

すぐ食べる	作り置き
浅漬け汁に漬ける	浅漬け汁に漬ける
→ P14 中	→ P14 中

新玉ねぎ

準備：薄切りにして水にさらす

すぐ食べる	作り置き
ポン酢しょうゆをかける	ポン酢しょうゆに漬ける
→ P14 下	→ P14 下

彩りがよい春野菜。中には、ほんのり苦味があるものもありますが、それも春野菜の魅力です。素材の味を生かしたシンプルな調理で、みずみずしさを楽しみましょう。

レタス

準備　一口大にちぎる

すぐ食べる　好みのドレッシングをかける　→ P14 上

作り置き　浅漬け汁に漬ける　→ P14 中

菜の花

準備　一口大に切ってゆでる

すぐ食べる　好みのドレッシングをかける　→ P14 上

作り置き　浅漬け汁に漬ける　→ P14 中

にら

準備　長さ4〜5cmに切る

すぐ食べる　電子レンジに1分かけて香味だれをかける　→ P15 下

作り置き　生のままポン酢しょうゆに漬ける　→ P14 下

アスパラガス

準備　長さ2〜3cmに切ってゆでる

すぐ食べる　好みのドレッシングをかける　→ P14 上

作り置き　浅漬け汁に漬ける　→ P14 中

春野菜　キャベツ　さやえんどう　セロリ　新玉ねぎ　その他の春野菜

春野菜の扱い方 ひと口メモ

キャベツ

春キャベツは芯までやわらかく胃腸を整える成分があるので、体調を崩しやすい季節の変わり目にぴったりです。

◆ 保存のポイント
芯をくりぬき、濡らしたキッチンペーパーをつめると日持ちします。

◆ 調理のポイント
葉と芯を分けて使うことがポイント。芯はできるだけ薄く切れば、葉と一緒においしく食べられます。

さやえんどう

年間を通して出回っていますが、春のさやえんどうは色が濃く、ほのかな甘みが特徴です。

◆ 保存のポイント
傷みやすいので、買ったらすぐゆでましょう。ゆでたら、そのまま冷凍保存にしてもよし、めんつゆに漬けて冷蔵保存すれば、作り置き副菜になります。

◆ 調理のポイント
へたと筋（両側！）をとりましょう。ゆでたらすぐに水にさらすとしわっとしなくなります。

セロリ

春から秋が旬ですが、通年出回っています。独特の香りが肉の臭み消しとして重用されてきた歴史があります。

◆ 保存のポイント
漬けて作り置き副菜が一番です。すぐにできないときは、葉が変色しやすいので、葉は冷凍して、凍ったままスープの香りづけなどに使いましょう。

◆ 調理のポイント
マリネやピクルスなら、葉も茎と一緒に食べられます。また、筋はとらなくても大丈夫です。

新玉ねぎ

春ならではの新玉ねぎ。水分が多い分傷みやすいので、買ったら早めに食べ切りましょう。

◆ 保存のポイント
いつでも食べられように洗って
①スライスして水にさっとさらす
②キッチンペーパーに挟む
③ここまでやってから冷蔵庫へ！

◆ 調理のポイント
切るときに涙が出ますが、飴をなめながら切ると、不思議とある程度抑えられます。

レタス

春から秋が旬です。90％以上が水分ですが、食物繊維が豊富です。巻きがふんわりとして、軽いものが◎。

◆保存のポイント
キャベツ（P20左上）と同様に、芯をくりぬいて、濡らしたキッチンペーパーをつめておくと日持ちします。

◆調理のポイント
水をしっかりきること。サラダスピナーを使うかキッチンペーペーで軽く挟みましょう。

菜の花

早春が旬。βカロテン、ビタミンC、カルシウムが含まれ、栄養価が高い野菜。花が咲くと栄養価が落ちるので、買ったら早めに食べ切りましょう。

◆保存のポイント
傷みやすいのですぐに食べられるよう、ゆでてしまいましょう。ゆでた後冷凍保存も可能です。

◆調理のポイント
ゆですぎると香りも飛んで、日持ちもしにくくなるので、さっとゆでることがポイントです。

にら

春が旬。一気にたくさん使う食材ではないので、冷凍保存がおすすめ。冷凍してもまったく形状が変わりません。

◆保存のポイント
生のまま保存する場合は、乾いたキッチンペーパーに包んで冷蔵庫に入れましょう。

◆調理のポイント
すぐに食べる場合は電子レンジで加熱すると食べやすくなります。

アスパラガス

春から初夏が旬。疲労回復栄養素のアスパラギン酸や、特に穂先には抗酸化物質の一種のルチンが含まれています。

◆保存のポイント
生のまま保存する場合は、濡らしたキッチンペーパーで包んで、冷蔵庫の中で立てて保存しましょう。

◆調理のポイント
穂先はやわらかく、下にいくほど硬くなるので、硬い皮（下 1/3 程度）はピーラーで皮をむきましょう。

キャベツの副菜

キャベツのごま和え

◆材料（2人分）
キャベツ…¼玉
　白すりごま…大さじ2
　しょうゆ…大さじ1
　砂糖…大さじ1

◆作り方
① キャベツは1cm幅に切る。
② 電子レンジで4分加熱し、冷水にさらして冷まし、水けを絞る。
③ ボウルでごま・しょうゆ・砂糖を混ぜ合わせ、②を和える。

キャベツの梅和え

◆材料（2人分）
キャベツ…¼玉
　梅干し（大）…1個
　みりん…大さじ1
　削り節…適量

◆作り方
① キャベツはざく切りにして電子レンジで4分加熱する。冷水にさらして冷まし、水けを絞る。
② 梅干しは包丁でたたく。
③ ボウルに②・みりんを加えて混ぜ合わせ、①・削り節を加えて和える。

春野菜 キャベツ

キャベツのさっと煮

◆材料（2人分）
キャベツ…¼玉
めんつゆ…大さじ3
削り節…少々

◆作り方
① キャベツは1cm幅に切る。
② フライパンでめんつゆと水（カップ⅔）を煮立て、キャベツを加え、ふたをして中火で5分煮る。
③ 器に盛り、削り節をふる。

キャベツのレンジ蒸し

◆材料（2人分）
キャベツ…¼玉
ツナ缶…1缶
塩・こしょう…少々
粒マスタード…適宜

◆作り方
① キャベツはくし切りにして耐熱容器に入れる。
② 汁けを軽くきったツナ缶を①に乗せ、塩・こしょうをふり、ラップをして電子レンジで8分加熱する。
③ 器に盛り、好みで粒マスタードを添える。

アレンジアイデアと献立ノート

キャベツのごま和え

和洋問わず、さまざまな主菜に合わせやすい万能副菜です。

◆調理のポイント
電子レンジ加熱なので、手軽にできます。ビタミンやミネラルなどの栄養も保持できるので、作業面でも栄養面でも効率的！

◆アレンジアイデア
しょうゆと砂糖の代わりにめんつゆでも作ることができます。

◆献立のポイント
肉でも魚でも、素材を問わず、炒め物から揚げ物まで、合わせやすいので、自由に組み合わせてください。

キャベツの梅和え

酸味がポイント。濃い味つけの煮物などに、合わせやすい副菜です。

◆調理のポイント
ざく切りと、電子レンジ加熱で、手間いらず。酸味が食欲を刺激するので、たくさんキャベツを食べたいときにおすすめです。

◆アレンジアイデア
梅干しとみりんの代わりに、ポン酢しょうゆ、またはレモンじょうゆでも、酸味のきいた副菜になります。

◆献立のポイント
献立全体をさっぱりとした味わいにまとめてくれます。味付けの濃い煮物や、煮魚などに◎！

※副菜2と主菜の付け合わせは、キャベツ以外にするとバランスがよくなります。
本書の中からお好みで選びましょう。

春野菜

キャベツ

キャベツのさっと煮

フライパン派におすすめのかんたんレシピ。その名のとおり、さっと煮るだけ！

◆調理のポイント
調味料をフライパンにかけたら、沸騰してからキャベツを入れることが、おいしく仕上げるポイントです。

◆アレンジアイデア
削り節の代わりに、シラスや桜えびを使うとカルシウムがとれます。

◆献立のポイント
さっと煮て作る煮物なので、主菜は、煮物以外にしましょう。さっぱりした味なので、炒め物によく合います。

キャベツのレンジ蒸し

キャベツを塊のままレンジに入れるだけなのに、驚くほどおいしく仕上がります。

◆調理のポイント
魚缶は、ボリュームだけでなく、うまみも足してくれるので、シンプル調理でも味がまとまります。

◆アレンジアイデア
鮭缶、ほたて缶など、他の魚缶でも同じようにできます。

◆献立のポイント
カレーやパスタなど、洋食にちょっと一品足したいときに、レパートリーにあると便利な副菜です。

さやえんどうの副菜

さやえんどうのペペロン炒め

◆材料（2人分）
さやえんどう…75g
オリーブ油…小さじ2
輪切り唐辛子…適量
にんにく（薄切り）…1片分
塩…少々

◆作り方
① さやえんどうは筋をとる。
② フライパンにオリーブ油・唐辛子・にんにくを入れて弱火にかけ、香りが立つまで炒める。
③ ②に①を加えて1分炒め、塩で味を調える。

さやえんどうのお浸し

◆材料（2人分）
さやえんどう…75g
白だし…大さじ1

◆作り方
① 白だしに水（カップ½）を混ぜておく。
② さやえんどうは筋をとり、塩少々（分量外）を加えた熱湯で1分ゆで、ざるにあげてよく水けをきる。
③ ②を①に浸す。

さやえんどうのナムル

◆材料（2人分）
さやえんどう…75g
　ごま油…小さじ2
　塩…小さじ1/3
　砂糖…少々
　黒いりごま…適量

◆作り方
① さやえんどうは筋をとり、せん切りにする。
② フライパンにごま油を熱し、①を中火で炒める。
③ ②に塩・砂糖・ごまを加えてさっと炒め、全体を混ぜる。

さやえんどうの柚子胡椒マヨ和え

◆材料（2人分）
さやえんどう…75g
　柚子胡椒…小さじ1/2
　マヨネーズ…大さじ1
　しょうゆ…小さじ1/2

◆作り方
① さやえんどうは筋をとり、塩少々（分量外）を加えた熱湯で1分ゆでる。
② ①を斜め半分に切る。
③ ボウルですべての調味料を混ぜ合わせ、②を加えて和える。

アレンジアイデアと献立ノート

さやえんどうのペペロン炒め

にんにくと唐辛子を使ったピリ辛副菜。小皿にちょこっと盛るだけで、献立に彩りと香りをプラス！

◆調理のポイント
オリーブ油を熱してにんにくと唐辛子を炒めるときは、必ず弱火で。焦らず香りが立つのを待ちましょう。

◆アレンジアイデア
スナップえんどう、さやいんげんなどでも同じ手順で作ることができます。

◆献立のポイント
和食より洋食のほうが相性がよいので、ハンバーグなどと合わせるとよいでしょう。

さやえんどうのお浸し

旬のさやえんどうの、やわらかなおいしさが引き立つ、白だしだけで作るお浸し。

◆調理のポイント
ゆでる際は、お湯を沸騰させること、1分以上ゆでないことが、色よく仕上げるポイントです。

◆アレンジアイデア
このままでも充分おいしいですが、好みで、ごまや削り節などをふってもよいでしょう。

◆献立のポイント
汁けのある副菜なので、揚げ物など、汁けのない主菜と合わせましょう。

※副菜2と主菜の付け合わせは、さやえんどう以外にするとバランスがよくなります。本書の中からお好みで選びましょう。

春野菜

さやえんどうのナムル

ナムルは韓国で、おつまみや家庭料理としてよく作られている定番野菜料理です。

◆調理のポイント
せん切りにした野菜をさっと炒めるだけ。ごま油の香りと、野菜のシャキッとした食感が決め手なので、2分程度でささっと仕上げましょう。

◆アレンジアイデア
この調味料と手順で、にんじんなどさまざまな野菜に応用できます。

◆献立のポイント
さばのみそ煮など、みそで味付けした料理や、キムチで煮込んだ料理に合います。

さやえんどう

さやえんどうの柚子胡椒マヨ和え

柚子胡椒とマヨネーズを混ぜると……和にも洋にも合う、テッパンのおいしさに！

◆調理のポイント
さやえんどうは断面から栄養が逃げないよう、ゆでた後にカットすることがポイント。また、カットすることで断面から味がよく染みます。

◆アレンジアイデア
柚子胡椒・マヨネーズ・しょうゆの和え衣は、スティックサラダのディップなどにもぴったりです。

◆献立のポイント
緑黄色野菜は油と一緒にとると栄養が吸収されやすいので、ゆでたときの主菜は炒め物など油を使った主菜が◎！

29

セロリの副菜

セロリのマリネ

◆材料（2人分）
セロリ…1本
　オリーブ油…大さじ2
　レモン汁…大さじ2
　酢…大さじ2
　砂糖…大さじ2
　塩…小さじ½

◆作り方
❶セロリの茎は斜め切り、葉はせん切りにする。
❷ボウルにすべての調味料を入れて混ぜ合わせる。
❸❷に❶を加えて混ぜる。

セロリの中華和え

◆材料（2人分）
セロリ…1本
A ┌おろしにんにく…小さじ½
　│おろししょうが…小さじ½
　│しょうゆ…小さじ2
　│砂糖…小さじ1
　└酢・ごま油…各小さじ2
白いりごま…大さじ1

◆作り方
❶セロリの茎は斜め切り、葉はせん切りにする。
❷ボウルでAを混ぜ合わせる。
❸❷に❶を加えて和え、器に盛り、ごまをふる。

無限セロリ

◆材料（2人分）
セロリ…1本
　しょうゆ・鶏がらスープの素・砂糖…各 小さじ½
　ラー油…適量
　ツナ缶…1缶

◆作り方
① セロリの茎は斜め薄切り、葉は粗みじん切りにする。
② ①を耐熱容器に入れ、ラップをして電子レンジで2分加熱する。
③ ②の水けをきり、すべての調味料・汁けをきったツナ缶を加えて混ぜる。

セロリのコンソメ煮

◆材料（2人分）
セロリ…1本
　顆粒コンソメ…小さじ1
　粗挽きこしょう…少々

◆作り方
① セロリの茎は2〜3cmの棒状に、葉は4cm程度に切る。
② 鍋に水（カップ¾）を沸かし、コンソメとセロリの茎を入れて8分煮て、葉を加えて1分煮る。
③ 器に盛り、こしょうをふる。

アレンジアイデアと献立ノート

セロリのマリネ

マリネは歴史ある調理法。塩と酢の効果で素材もおいしくなり、どんな主菜にも合います！

◆調理のポイント
茎と葉は、性質が異なるので、切り方を変えますが、どちらも一緒においしく食べられます。

◆アレンジアイデア
調味液を変えるだけで、さまざまな味になります。中華和え（P32 下）もアレンジの一種です。

◆献立のポイント
酸味があるので、どんな主菜に合わせても、全体をさっぱりとまとめてくれます。しょうが焼きなどに◎！

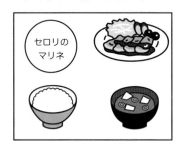

セロリの中華和え

香味野菜に加え、ごまの香ばしさが、中華はもちろん、和食にも合います。

◆調理のポイント
中華風の料理は、香味野菜など材料が少し多いですが、全部まとめてよく混ぜ合わせておいて、素材に和える、という調理法が一般的です。

◆アレンジアイデア
マリネ（P32 上）と、セロリの切り方は同じで、味付けのアレンジです。

◆献立のポイント
味がしっかり付いているので、焼き魚や焼き肉など、焼いただけのシンプルな主菜に合います。

※副菜2と主菜の付け合わせは、セロリ以外にするとバランスがよくなります。本書の中からお好みで選びましょう。

無限セロリ

おつまみに、ご飯のおともに。おいしすぎて、無限に食べられてしまう副菜です。

◆調理のポイント
電子レンジで加熱した後に出る水分をできる限りきってから、味付けすることが、おいしく仕上げるポイントです。

◆アレンジアイデア
しょうゆ・鶏がらスープの素・ラー油・ツナ缶、こういった味付けのレシピを私は「無限」と呼びます。キャベツなど他の野菜でも応用可能。

◆献立のポイント
ピリ辛感があるので、煮物など濃い味付けの和食に合わせるとアクセントになります。

セロリのコンソメ煮

まだちょっと肌寒い春先には、春野菜の温かい副菜があると、ほっこりできます。

◆調理のポイント
茎はやわらかく煮たいですが、葉は煮込むと色が悪くなるので、時間差調理がポイントです。

◆アレンジアイデア
セロリは香りがよく、他の食材と合わせやすい長所があります。冷蔵庫の中の余った食材を一緒に煮込んでもOKです。

◆献立のポイント
グラタンなど、洋風の料理に小さなおかずを足したいときにちょうどよい副菜です。

新玉ねぎの副菜

新玉ねぎの南蛮漬け

◆材料（2人分）
新玉ねぎ…2個
A ┌ 輪切り唐辛子…小さじ1
　├ しょうゆ…大さじ2
　├ 砂糖…大さじ2
　├ 酢…大さじ2
　└ だし汁…カップ½
サラダ油…適量
白いりごま…適量

◆作り方
① Aを耐熱ボウルに入れ（ラップはせず）、電子レンジで1分加熱する。
② 新玉ねぎは芯は付けたまま、6つ割りに切る。
③ フライパンにサラダ油を熱し、②を両面中火で焼き、①に漬け、ごまをふる。

新玉ねぎのサラダ

◆材料（2人分）
新玉ねぎ…1個
ポン酢しょうゆ…大さじ4
削り節…軽く一つかみ

◆作り方
① 新玉ねぎは薄切りにする。
② 冷水に2～3分さらし、よく水気を切る。
③ 器に盛り、ポン酢しょうゆをかけ、削り節をふる。

新玉ねぎのバターしょうゆ

◆材料（2人分）
新玉ねぎ…1個
　バター…5g
　しょうゆ…少々

◆作り方
1. 新玉ねぎは包丁で放射状に3本切り込みを入れる。
2. 1を耐熱容器に入れ、バターを乗せてラップをして電子レンジで5分加熱する。
3. 器に盛り、しょうゆをかける。

新玉ねぎの塩昆布サラダ

◆材料（2人分）
新玉ねぎ…1個
　塩昆布…10g
　ごま油…大さじ1
　削り節…軽く一つかみ

◆作り方
1. 新玉ねぎは薄切りにする。
2. 冷水に2～3分さらし、よく水けをきる。
3. ボウルにすべての材料を入れ混ぜ合わせる。

春野菜

新玉ねぎ

アレンジアイデアと献立ノート

新玉ねぎの南蛮漬け

材料を混ぜて電子レンジ加熱でできる南蛮漬け。作り置き副菜にもぴったりです。

◆調理のポイント
新玉ねぎは、芯をはずすとバラバラになってしまうので、芯をつけたまま切るのがポイントです。

◆アレンジアイデア
ピリ辛の南蛮汁は他の野菜の漬け汁や、粉をはたいて揚げた鶏肉、白身魚などの漬け汁にも応用できます。

◆献立のポイント
味付けがしっかりしているので、焼き魚や塩炒めなど、シンプルな味付けの主菜に合います。

新玉ねぎのサラダ

新玉ねぎのみずみずしさがそのまま味わえる、シンプルなサラダです。

◆調理のポイント
薄く切るほど繊細な味わいを楽しめますが、太めの薄切りなら、シャキシャキした歯ごたえがより楽しめます。味をしっかり付けるためには、水けをしっかりきることです。

◆アレンジアイデア
調味液を変えるだけで、さまざまな味になります。塩昆布サラダ（P37下）もアレンジのひとつです。

◆献立のポイント
和風に仕上がるので、煮魚など和食の主菜に合わせると◎。さばのみそ煮など、みそを使った料理にも合います。

※副菜2と主菜の付け合わせは、新玉ねぎ以外にするとバランスがよくなります。本書の中からお好みで選びましょう。

新玉ねぎのバターしょうゆ

加熱することで甘みが増した新玉ねぎ。バターの効果で風味がアップ！

◆調理のポイント
しっかり切り込みを入れることで、新玉ねぎに火が通りやすくなり、バターとしょうゆの味が全体に浸透します。

◆アレンジアイデア
バターの代わりにオリーブ油を使うとさっぱりした味に。シュレッドチーズを載せてもおいしくできます。

◆献立のポイント
肉、魚、和洋問わずどんな主菜にも合わせやすい副菜です。カレーやパスタなどに一品添えたいときにおすすめ。

新玉ねぎの塩昆布サラダ

塩昆布とごま油で和風サラダのできあがり。削り節も加えれば、うまみの相乗効果が楽しめます。

◆調理のポイント
水けをしっかりきることは大事ですが、昆布と削り節がある程度水分を吸ってくれるので、時間がないときでもおいしくできるサラダです。

◆アレンジアイデア
新玉ねぎのサラダ（P36下）と、切り方は同じで、味付けのアレンジです。

◆献立のポイント
肉じゃがなど、和風の煮物や、煮魚、焼き魚など和食全般に合わせやすい副菜です。

その他の春野菜の副菜

レタスのねぎ塩サラダ

◆材料（2人分）
レタス…½玉
　白いりごま…大さじ1
　ごま油…大さじ1½
　鶏がらスープの素…小さじ1
　塩…小さじ⅓
　おろしにんにく…小さじ½
　長ねぎ（みじん切り）…½本分

◆作り方
❶ボウルにごまとすべての調味料を入れ、にんにく・長ねぎを加えて混ぜ合わせる。
❷レタスは一口大にちぎる。
❸❷を❶に入れて混ぜる。

菜の花のマスマヨ和え

◆材料（2人分）
菜の花…1束
　マヨネーズ…大さじ1
　粒マスタード…大さじ1
　しょうゆ…小さじ1

◆作り方
❶菜の花は茎と花先にわけて長さ4cmに切る。
❷熱湯に塩少々（分量外）を加えて、茎を1分ゆで、花先を入れてさらに20秒ゆでる。ざるにあげて冷たい水にさらして冷まし、ぎゅっと水けを絞る。
❸ボウルですべての調味料を混ぜ合わせ、❷を加えて和える。

春野菜

無限にら

◆材料（2人分）
にら…2束
　コチュジャン…大さじ1
　ごま油…大さじ1
　しょうゆ…大さじ½
　砂糖…小さじ1
　白いりごま…適量

◆作り方
1. にらは長さ4cmに切る。
2. ボウルですべての調味料とごまを混ぜ合わせる。
3. 2に1を加えて和える。

アスパラガスのしょうが煮浸し

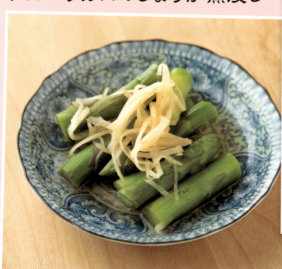

◆材料（2人分）
アスパラガス…2束
　しょうが…1片
　しょうゆ…小さじ2
　みりん…大さじ1
　だし汁…カップ½

◆作り方
1. アスパラガスは下側⅓をピーラーで皮をむき、4等分の長さに切る。
2. しょうがはせん切りにする。
3. 鍋に2とすべての調味料を入れて火にかけ、煮立ったら1を加えて2分煮る。

その他の春野菜

アレンジアイデアと献立ノート

レタスのねぎ塩サラダ

自己主張のないレタスも、ねぎ塩だれで和えると、存在感がアップします。

◆調理のポイント
レタスは手でちぎったほうが、簡単なだけでなく、調味料となじみやすくなります。水けをしっかりきることも大切です。

◆アレンジアイデア
ねぎ塩だれは、P15下でも簡単バージョンをご紹介しています。

◆献立のポイント
ステーキや焼き肉など、シンプルに焼いたお肉に合います。鶏胸肉のステーキ（P120下）に合わせても◎。

※主菜の付け合わせは、レタス以外にするとバランスがよくなります。本書の中からお好みで選びましょう。

菜の花のマスマヨ和え

菜の花が一番手軽においしく食べられる副菜です。中井家の食卓にもよく登場しています。

◆調理のポイント
菜の花をおいしく食べるコツはゆですぎないこと。茎が硬いと思われがちですが、意外に早くゆだるので、茎は1分、花先は20秒と覚えてください。

◆アレンジアイデア
ゆでた後、ポン酢しょうゆやめんつゆ（P14下）で味付けすると、和風に仕上がります。

◆献立のポイント
マスマヨはおだやかな酸味があるので、酢豚や鶏肉の甘酢煮など、甘みのある主菜に合います。

※副菜2は、菜の花以外にするとバランスがよくなります。本書の中からお好みで選びましょう。

春野菜

無限にら

香り豊かなにらを、生のままたくさん食べられる調理法です。おつまみや、ご飯のおともに。

◆調理のポイント
5分ほどおけば充分ですが、より長く漬けるとおいしくなるので、作り置き副菜にもぴったりです。

◆アレンジアイデア
すぐ食べるときは、にらを電子レンジで1分ほど加熱すると味が染みこみやすくなります。

◆献立のポイント
唐揚げやささみのチーズ焼き（P121下）に。豚肉と合わせると、疲労回復効果のあるビタミンB_1の吸収アップ！

※主菜の付け合わせは、にら以外にするとバランスがよくなります。本書の中からお好みで選びましょう。

アスパラガスのしょうが煮浸し

調味料を混ぜて、鍋で煮るだけ。しょうがの香りが食欲を刺激します。

◆調理のポイント
アスパラガスは個体によって硬さや形状が異なります。太いものは、皮が硬いので、半分くらいまで皮をむいてもよいでしょう。

◆アレンジアイデア
さやえんどう、さやいんげんなどでも同じようにできます。ボリュームを出したいときは油揚げ、カニカマなどを加えても。

◆献立のポイント
薄切り肉のソテーや、肉巻き（冷蔵庫に余っている食材を薄切り肉で巻いて焼く）に合います。

※主菜の付け合わせは、アスパラガス以外にするとバランスがよくなります。本書の中からお好みで選びましょう。

その他の春野菜

41

夏野菜 いちばん簡単な副菜

見るだけで作れる！

きゅうり

準備 長さ5〜6cmの棒状に切る

すぐ食べる	作り置き
みそマヨドレッシングをかける	ポリポリ汁に漬ける
→ P14 上	→ P14 中

オクラ

準備 塩でもみ、がくをとり（P44）、ゆでる

すぐ食べる	作り置き
甘酢汁をかける	浅漬け汁に漬ける
→ P14 中	→ P14 中

なす

準備 切れ目を入れて（P44）電子レンジで加熱する

すぐ食べる	作り置き
しょうゆをかける	水で3倍に薄めためんつゆに漬ける
	→ P14 下

トマト＆ミニトマト

準備 へたをとる

すぐ食べる	作り置き
トマトはくし切りにする ミニトマトはそのまま	すし酢に漬ける
	→ P14 下

色鮮やかで、水分を多く含む野菜が多いのが夏野菜。体を冷やす効果があるもの、夏バテ防止になる栄養素を含むものもあり、適した調理法や献立の組み合わせを知れば、食事で効率的に栄養素がとれます。

夏野菜

きゅうり / オクラ / なす / トマト&ミニトマト / その他の夏野菜

しし唐

準備：フライパンで焼く

- すぐ食べる：塩をふる
- 作り置き：水で3倍に薄めためんつゆに漬ける → P14 下

さやいんげん

準備：半分に切って電子レンジで加熱する

- すぐ食べる：好みのドレッシングをかける → P14 上
- 作り置き：水で3倍に薄めためんつゆに漬ける → P14 下

ピーマン

準備：4つに切り種をとり、フライパンで焼く

- すぐ食べる：塩をふる
- 作り置き：水で3倍に薄めためんつゆに漬ける → P14 下

ズッキーニ

準備：薄切りにする

- すぐ食べる：フライパンで焼いてから塩をふる
- 作り置き：生のままポリポリ汁に漬ける → P14 中

夏野菜の扱い方 ひと口メモ

きゅうり

通年出回っているものの、夏を代表する野菜です。余分な塩分を排出してくれるカリウムが豊富。

◆保存のポイント
水分の多い食材なので、乾いたキッチンペーパーに包んで冷蔵庫で保存すると日持ちがします。

◆調理のポイント
基本は生で食べるので、切り方を変えることで異なる食感を楽しみましょう。まとめ買いしたときは、焼くと、一度にたくさん食べられます。

オクラ

初夏から盛夏が旬。緑黄色野菜ならではのβカロテンに加え、ネバネバ成分は粘膜を保護したり、美肌効果も期待できます。

◆保存のポイント
傷みやすいので、すぐ食べられるようゆでて保存がおすすめ。

◆調理のポイント
板ずり（塩をふりまな板でこする）をすること、包丁でがくをむくことの2点が大切。

なす

夏から秋が旬。ナスニンというポリフェノールの一種に抗酸化作用があります。

◆保存のポイント
水分が多いので、生で保存するときは、乾いたキッチンペーパーで包んで、冷蔵庫に入れましょう。

◆調理のポイント
縦に切れ目を入れて電子レンジにかけてから保存しておくとさまざまな料理に使えます。

トマト＆ミニトマト

夏野菜と言われていますが、本来はミニトマトは春、トマトは初夏が旬です。現在は通年出回る人気食材です。

◆保存のポイント
へたをとり、濡らしたキッチンペーパーを敷いた容器に入れ、冷蔵保存してください。

◆調理のポイント
水っぽくならないよう、洗ってからへたをとりましょう。

しし唐

初夏から盛夏が旬の夏野菜です。濃い緑色で艶のあるものを選びましょう。

◆ **保存のポイント**

表面がしわっとしがちなので、乾燥しないよう濡らしたキッチンペーパーに包んで冷蔵庫で保存しましょう。

◆ **調理のポイント**

焼いているときにはじけることがあるので、包丁で切れ目を入れておくか、手でぎゅっとにぎって裂け目を入れておくと安心です。種ごと食べられます。

さやいんげん

初夏から初秋が旬ですが、通年出回っています。艶があり、表面がでこぼこしていないものを選びましょう。

◆ **保存のポイント**

乾いたキッチンペーパーに包んで冷蔵庫で保存を。電子レンジで加熱してから保存すると、時短調理ですぐに食べられます。

◆ **調理のポイント**

油で栄養素の吸収が高まるので、炒めるか、ごまなど油を含む食材との調理法がおすすめ。

ピーマン

初夏から初秋が旬ですが、通年出回っています。緑が濃く、表面が艶やかなものを選びましょう。

◆ **保存のポイント**

種から腐敗しやすいので、種をとり除いて、冷蔵または冷凍保存しましょう。

◆ **調理のポイント**

生だとシャキシャキ食感が楽しめますが、油で炒めるとβカロテンの吸収がアップします。

ズッキーニ

初夏から盛夏が旬です。太さが均一で重みがあるものが、鮮度がよく良質とされています。

◆ **保存のポイント**

なすやきゅうりと同じく水分が多いので、乾いたキッチンペーパーに包んでから冷蔵庫で保存しましょう。

◆ **調理のポイント**

すぐ食べるときはフライパンで焼きましょう。作り置きなら生のまま漬け汁に漬けておけばおいしく食べられます。

きゅうりの副菜

焼ききゅうり

◆材料（2人分）
きゅうり…2本
　サラダ油…適量
A ┌ しょうゆ…大さじ1½
　├ みりん…大さじ1½
　├ 酒…大さじ1½
　└ 砂糖…小さじ2
　粗挽きこしょう…少々

◆作り方
① きゅうりは縦半分に切り、長さを半分に切る。
② フライパンにサラダ油を熱し、①を断面が下になるように並べ、焼き色が付いたら裏返し、1分ほど焼く。
③ ②にAを加えて煮つめながら全体に絡め、器に盛り、粗挽きこしょうをふる。

きゅうりのわさび漬け

◆材料（2人分）
きゅうり…2本
　塩…小さじ1
　しょうゆ…小さじ1
　砂糖…小さじ1
　ねりわさび…小さじ1

◆作り方
① きゅうりは斜め切りにして塩をふり5分おき、さっと洗って水けを絞る。
② ポリ袋ですべての調味料を混ぜ合わせる。
③ ①を加えて混ぜ、30分おく。

夏野菜 / きゅうり

きゅうりの塩昆布和え

◆材料（2人分）
きゅうり…1本
ツナ缶（小）…1缶
塩昆布…10g
白いりごま…大さじ1
ごま油…大さじ1

◆作り方
❶きゅうりは縦半分に切り、斜め切りにする。
❷ツナ缶は汁けを軽くきっておく。
❸ボウルで❷とすべての材料を混ぜ合わせる。

きゅうりの酢の物

◆材料（2人分）
きゅうり…1本
塩…小さじ½
A{ しょうが（せん切り）…1片分
　　酢…大さじ1½
　　砂糖…大さじ1
　　塩…小さじ¼

◆作り方
❶きゅうりは薄切りにする
❷❶に塩をふり5分おき、さっと水で洗い、水けを絞る。
❸ボウルで❷とAを混ぜ合わせる。

アレンジアイデアと献立ノート

焼ききゅうり

いつものきゅうりに飽きたとき、きゅうりがまとめ買いで安いときにおすすめ！

◆調理のポイント
表面にこんがりと焼き色を付けることが、おいしく仕上げるポイントです。香ばしい風味になります。

◆アレンジアイデア
薄切り肉や、ベーコンを巻いてもおいしくできます。またズッキーニやなすでも同じ調理法が応用できます。

◆献立のポイント
ゆで豚や、蒸し魚など、さっぱりした夏らしい主菜に合わせてください。

きゅうりのわさび漬け

ご飯がすすむ漬物。どんな主菜にもよりそってくれるので、作り置き副菜におすすめ！

◆調理のポイント
ピリッとしたわさびの漬物ですが、隠し味に砂糖を入れることで、全体がまろやかにまとまります。

◆アレンジアイデア
大葉やみょうがなど夏らしい香味野菜を混ぜると、よりおいしくできます。

◆献立のポイント
漬物なのでどんな食事にも合わせやすいですが、鶏肉の煮物など、和風の主菜がおすすめです。

※副菜2と主菜の付け合わせは、きゅうり以外にするとバランスがよくなります。本書の中からお好みで選びましょう。

夏野菜

きゅうり

きゅうりの塩昆布和え

昆布はグルタミン酸、ツナはイノシン酸、異なるうまみ成分の相乗効果で深い味わいに！

◆調理のポイント
きゅうりは斜め切りや輪切りが一般的ですが、縦半分に切って斜めに切る切り方は、食感もよく、箸でつまみやすく、食べやすさもアップします。

◆アレンジアイデア
きゅうり以外にも、大根やかぶでも同じように作ることができます。

◆献立のポイント
和洋問わず、どんな主菜にも合わせやすい副菜です。焼売や春巻きなどの中華に合わせても◎。

きゅうりの酢の物

お酢としょうがでさっぱり！ 脂やこってりした味も洗い流してくれます。

◆調理のポイント
塩をふった後、絞る前にさっと洗い流すと、余計な塩分と、きゅうりの青臭さがとれます。しょうがはチューブ入りおろししょうがでもOK！

◆アレンジアイデア
わかめやひじきなど海藻を加えたり、カニカマやハムなどを加えると、ボリュームもアップします。

◆献立のポイント
とんカツなどの揚げ物や豚肉のみそ炒めなど、油を使った主菜に合わせると、全体をさっぱりとまとめてくれます。

49

オクラの副菜

オクラのカレー炒め

◆材料（2人分）
オクラ…8本
　オリーブ油…小さじ1
　カレー粉…小さじ1
　塩…少々

◆作り方
① オクラは板ずりしてがくの部分に包丁をぐるりと入れてむき、半分の斜め切りにする。
② フライパンにオリーブ油と①を入れ、ふたをして弱めの中火で3分。たまにゆすりながら加熱する。
③ ②にカレー粉と塩を加えて混ぜる。

オクラの柚子胡椒マリネ

◆材料（2人分）
オクラ…8本
　酢…大さじ2
　柚子胡椒…小さじ1
　砂糖…小さじ1
　オリーブ油…小さじ2
　めんつゆ…小さじ2

◆作り方
① オクラは板ずりしてがくの部分に包丁をぐるりと入れてむく。
② 塩少々（分量外）を加えた熱湯で①を1分ゆで、冷水にさらして冷ます。
③ ボウルですべての調味料を混ぜ合わせ、②を漬ける。

オクラのオイスターソース和え

◆材料（2人分）
オクラ…8本
　オイスターソース…小さじ2
　しょうゆ…少々
　粗挽きこしょう…適量

◆作り方
① オクラは板ずりしてがくの部分に包丁をぐるりと入れてむき、半分の斜め切りにする。
② 耐熱容器に入れラップをして、電子レンジで2分加熱する。
③ オイスターソース・しょうゆを加えて和え、器に盛り、粗挽きこしょうをたっぷりふる。

オクラキムチ

◆材料（2人分）
オクラ…8本
　キムチ…60g
　ごま油…小さじ2
　白いりごま…適量

◆作り方
① オクラは板ずりしてがくの部分に包丁をぐるりと入れてむく。
② 塩少々（分量外）を加えた熱湯で1分ゆでて、冷水にさらして冷まし、乱切りにする。
③ ボウルですべての材料を混ぜ合わせ、②を入れて和える。

アレンジアイデアと献立ノート

オクラのカレー炒め

オクラのネバネバとカレーは相性抜群！ 夏には食欲を刺激してくれる風味です。

◆調理のポイント
オイル蒸しにすることで、オクラのきれいな濃い緑を、保つことができます。ふたをすること、弱めの中火で3分がポイントです。

◆アレンジアイデア
さやえんどう、さやいんげん、アスパラガスなどでも、同じ調理法が応用できます。

◆献立のポイント
肉と野菜を使った炒め物、たとえば肉野菜炒めや、和風のだしできんぴら風に炒めた主菜などに合います。

オクラの柚子胡椒マリネ

柚子胡椒をきかせた上品なマリネ。まるごと漬けてまるごと食べられるので、手間いらず！

◆調理のポイント
熱いうちに！がマリネの鉄則。オクラをゆでたら、冷める前に手早くマリネ液に浸すと、味がよく染みこみます。

◆アレンジアイデア
トマトや玉ねぎ、ズッキーニなど、夏野菜を一緒に漬けて「夏野菜の和風マリネ」にしても。

◆献立のポイント
和洋問わず合いますが、さつま揚げを使った煮物などに合わせると、酸味がアクセントになります。

※副菜2は、オクラ以外にするとバランスがよくなります。本書の中からお好みで選びましょう。

夏野菜

オクラのオイスターソース和え

中華風のオクラの副菜です。オイスターソースにしょうゆ少々を混ぜると、手軽に中華風の味付けにできます。

◆調理のポイント
電子レンジにかけるときは、破裂しやすいので、半分に切っておくと安心です。まるごと作りたいときは、切り込みを入れましょう。

◆アレンジアイデア
オイスターソースは牛肉と相性がよいので、牛こま切れ肉や、もやしなどを足してもよいでしょう。

◆献立のポイント
中華風の主菜に合わせやすいので、麻婆豆腐、餃子、中華風の炒め物にも合います。

オクラ

オクラキムチ

キムチとごま油の相性◎！ キムチの味と香ばしいごまの香りで、食事がすすみます。

◆調理のポイント
オクラを乱切りにして、キムチの大きさと大体合わせると、混ぜやすく、また食べやすくなります。

◆アレンジアイデア
オクラを小さめに刻んで、豆腐にかければ、韓国風冷ややっこになります。

◆献立のポイント
焼肉はもちろん合いますが、キムチが辛いので、酢豚、なすと鶏肉の甘酢炒めなど、甘い主菜に合います。

なすの副菜

蒸しなすのごま酢和え

◆材料（2人分）
なす…2本
　白すりごま…大さじ1
　ポン酢しょうゆ…小さじ1½
　砂糖…小さじ1

◆作り方
① なすはへたをとり、皮に縦に3、4本包丁で切り込みを入れる。
② 耐熱容器に入れラップをして電子レンジで3分加熱したら、切れ目に沿って割く。
③ ボウルでごまとすべての調味料を混ぜ合わせ、②を加えて和える。

なすの煮浸し

◆材料（2人分）
なす…2本
　サラダ油…小さじ2
　A｛しょうゆ…大さじ1
　　みりん…大さじ1
　　だし汁…カップ½
　万能ねぎ…適量
　削り節…適量

◆作り方
① なすはへたをとり、皮に包丁で細かく切り込みを入れ、縦4つに切る。
② フライパンにサラダ油を熱し、①を皮を下にして3分焼き、上下を返してふたをして3分焼く。Aを加え、弱火で8分煮る。
③ 器に盛り、万能ねぎを散らし、削り節をふる。

なすのチーズ焼き

◆材料（2人分）
なす…2本
　ケチャップ…適量
　溶けるチーズ
　（スライス）…2枚
　ドライパセリ…少々

◆作り方
① なすはへたをとり、縦半分に切り、電子レンジで2分加熱する。
② アルミホイルに断面を上にして並べ、ケチャップを塗り、チーズを載せる。
③ トースターでチーズに焼き色が付くまで焼き、器に盛り、ドライパセリをふる。

なすのさばみそ缶煮

◆材料（2人分）
なす…2本
　さばみそ缶…1缶
　しょうゆ…少々
　一味唐辛子…適宜

◆作り方
① なすはへたをとり、乱切りにする。
② 小鍋に①とさばみそ缶を汁ごと加え、ひたひたになるまで水を加える。
③ 中火にかけ、10分煮て、しょうゆを回し入れて味を調え、好みで一味唐辛子をふる。

アレンジアイデアと献立ノート

蒸しなすのごま酢和え

電子レンジで驚くほど簡単にできる、なすの副菜。ごまの風味でなすがおいしくなります。

◆調理のポイント
縦に切り込みを入れてから電子レンジにかけると、後で手で簡単に割けます。割いた断面は味が染みやすくなります。

◆アレンジアイデア
さやいんげんと一緒に作ると、栄養価も彩りもアップします。

◆献立のポイント
どんな主菜にも合わせやすい万能副菜。コロッケなど揚げ物や、鶏胸肉のチャーシュー（P120 上）などに。

なすの煮浸し

フライパンで揚げ焼きにすることで、手順を簡単にしています。漬け汁も究極にシンプルです。

◆調理のポイント
フライパンにサラダ油を熱し、皮を揚げ焼き3分、ふたをして蒸し焼き3分で、なすをおいしく仕上げます。

◆アレンジアイデア
ピーマンと一緒に焼いて「なすとピーマンの焼き浸し」にすると緑黄色野菜が同時にとれます。

◆献立のポイント
大根おろしを添えた和風唐揚げや、和風ハンバーグ、大葉を使ったつくねなど、和風の副菜に合います。

※副菜2と主菜の付け合わせは、なす以外にするとバランスがよくなります。本書の中からお好みで選びましょう。

なすのチーズ焼き

なすを切って、断面にトッピングして焼くだけ。大人から子どもまで大好きな味。

◆調理のポイント
溶けるスライスチーズは、なすの形状に合わせてちぎって載せると、まとまりがよくなります。

◆アレンジアイデア
好みで刻んだベーコンなどを載せると、カリッと焼けてアクセントになります。

◆献立のポイント
片栗粉をふって揚げた魚や、南蛮漬けなど、魚の洋風料理と合わせるとバランスがよくなります。

なすのさばみそ缶煮

切り方も味付けも、難しいこと一切なし！　乱切りにしたなすをさば缶で煮るだけ。

◆調理のポイント
乱切りにするときは、なすを回転させながら、斜めに包丁を入れていくとうまくいきます。断面に味が染みこむので、煮物に適した切り方です。

◆アレンジアイデア
さばみそ缶以外にも、さんま缶やいわし缶でも応用できます。味が濃いときは卵とじにしてもよいでしょう。

◆献立のポイント
しっかりした味わいのやわらかい副菜なので、塩炒めなど、少し歯ごたえのある塩系の味付けの主菜が相性◎！

トマト&ミニトマトの副菜

トマトの粉チーズ焼き

◆材料（2人分）
トマト…1個
　オリーブ油…適量
　塩…少々
　粉チーズ…適量

◆作り方
① トマトは厚さ1cmの輪切りにする。
② オリーブ油を熱したフライパンに①を並べて両面中火で焼く。
③ 器に盛り、塩・粉チーズをふる。

トマトのおろし和え

◆材料（2人分）
トマト…1個
　大根（すりおろす）…4cm分
　ポン酢しょうゆ…大さじ1
　万能ねぎ（小口切り）…適量

◆作り方
① トマトは一口大に切る。
② ボウルに①と大根おろし・ポン酢しょうゆを入れて混ぜ合わせる。
③ 器に盛り、万能ねぎを散らす。

夏野菜

トマトの浅漬け

◆材料（2人分）
トマト…1個
　白だし…大さじ1
　おろしにんにく…小さじ⅓

◆作り方
① トマトはくし切りにする。
② ボウルで、白だし・おろしにんにく・水（大さじ3）を混ぜ合わせる。
③ ②に①を加えて混ぜ、5分ほどなじませる。

ミニトマトのスープ煮

◆材料（2人分）
ミニトマト…20個
　鶏がらスープの素
　　…小さじ1
　粗挽きこしょう…適量

◆作り方
① ミニトマトはへたをとる。
② 小鍋にスープの素・水（120ml）を入れて火にかけ、煮立ったら①を加えて弱火で5分ほど、少しくたっとするまで煮る
③ 器に盛り、こしょうをふる。

トマト&ミニトマト

アレンジアイデアと献立ノート

トマトの粉チーズ焼き

トマトとチーズのダブルのうまみで、簡単なのに後を引くおいしさ！

◆調理のポイント
崩れやすいトマトをきれいに輪切りにするコツは、切るときに包丁で押さないことです。引き切りでまず皮に切れ目を入れて、力を入れずにスライドしながら切ると上手に切れます。

◆アレンジアイデア
パンに載せてもおいしく食べられます。パン粉とパセリをまぶして焼くと香草焼き風になります。

◆献立のポイント
パスタなどに添えるのにぴったり。ご飯のおかずなら、主菜はチキンソテーなど洋風メニューが合います。

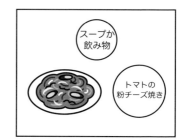

トマトのおろし和え

大根おろしの感覚で献立に加えると、肉や魚で作った主菜がよりおいしくなります。

◆調理のポイント
一口大になれば、どんな切り方でも大丈夫。多少崩れたり、種が飛び出しても、大根おろしと一緒に和えれば、全部おいしくいただけます。

◆アレンジアイデア
万能ねぎは、大葉やみょうがなど和の香味野菜に変更できます。豆腐や、ゆで豚、サラダチキンに添えても。

◆献立のポイント
豚肉や豆腐との相性がよいので、肉豆腐など和風の煮物と合わせると、さっぱりとまとめてくれます。

※副菜2は、トマト以外にするとバランスがよくなります。本書の中からお好みで選びましょう。

夏野菜

トマトの浅漬け

ちょっとしたブーム感もあるトマトの浅漬け。こんなにおいしいの⁉ という驚きの味。

◆調理のポイント
トマトをくし切りにして、調味液に漬けるだけなので、ポイントもないくらい簡単。5分ほどおくと、味がなじみます。

◆アレンジアイデア
ミニトマトでも同じようにできます。アボカドやきゅうりと漬けるとカラフルになります。

◆献立のポイント
どんな食材も合わせやすいので、天ぷらなど、いくつかの食材が主役の料理にも合います。

ミニトマトのスープ煮

温かいままでも冷やしてもおいしい、具だくさんスープ風のおかず。

◆調理のポイント
ミニトマトがくたっとするまで、5分ほど煮るのがポイントです。加熱することで味もまろやかになり、リコピンが吸収されやすくなります。

◆アレンジアイデア
大きなトマトでも、一口大に切れば同じようにできます。

◆献立のポイント
和洋問わず合いますが、鶏がらスープの素を使っているので、チャーハン、餃子などに合わせると◎。

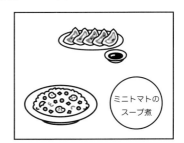

トマト&ミニトマト

その他の夏野菜の副菜

しし唐の焼き浸し

◆材料（2人分）
しし唐…20本ほど
サラダ油…適量
A [だし汁…カップ½
　　しょうゆ…大さじ1
　　みりん…大さじ1
　　輪切り唐辛子…適量]
白いりごま…適量

◆作り方
① フライパンにサラダ油を熱し、へたをとったしし唐を入れる。
② たまに転がしながら焼き、焼き色が付いたら、Aを加える。
③ 沸々としたら火を止め、器に盛り、ごまを散らす。

さやいんげんのにんにく蒸し

◆材料（2人分）
さやいんげん…20本ほど
にんにく…1片
オリーブ油…大さじ1
塩…2つまみ

◆作り方
① さやいんげんはへたをとり、食べやすい長さに切る。にんにくは薄切りにする。
② フライパンにオリーブ油、塩・水（大さじ2）を入れて混ぜ合わせ、①を加えてふたをして弱めの中火で3分蒸し焼きにする。
③ ふたをとり、さっと炒めて水けを飛ばす。

夏野菜

ピーマンの明太サラダ

◆材料（2人分）
ピーマン…2個
　明太子…½本

◆作り方
① ピーマンは半分に切って種とわたをとり、細切りにする。冷水にさらしてシャキッとさせ、よく水気を切る。
② 明太子は薄皮をとる。
③ ボウルで①と②を和える。

ズッキーニのバターポン酢ソテー

◆材料（2人分）
ズッキーニ…1本
　バター…8g
　ポン酢しょうゆ…大さじ1

◆作り方
① ズッキーニは1cm幅の輪切りにする。
② フライパンを中火で熱してバターを溶かし、①を並べて焼く。
③ 両面焼き色が付くまで焼いたらポン酢しょうゆを回し入れ、煮詰めるようにしながらズッキーニに絡める。

その他の夏野菜

アレンジアイデアと献立ノート

しし唐の焼き浸し

しし唐の大入りパックで、作り置き副菜にしておくと、いつでも食卓に彩りを追加できます。

◆調理のポイント
しし唐のヘタは、プチンと手ではずせます。調理前にとっても、そのまま調理して食べるときにとっても、どちらでも大丈夫です。

◆アレンジアイデア
きのこや乱切りにしたなす、パプリカを一緒に焼いても、おいしくできます。

◆献立のポイント
どんな料理にも合わせやすく、焼き魚などの和食や、牛肉を使った中華風の炒め物などが合います。

※副菜2は、しし唐以外にするとバランスがよくなります。本書の中からお好みで選びましょう。

さやいんげんのにんにく蒸し

蒸したさやいんげんはふっくらやわらか。にんにくの風味が食欲を刺激します。

◆調理のポイント
弱めの中火という火加減が大事。弱火だと時間がかかって色が悪くなり、中火だとすぐに沸騰して、にんにくの香りが立ちにくくなります。

◆アレンジアイデア
いんげんと同じ太さの棒状に切ったにんじんを一緒に蒸してもOK。カラフルな副菜になります。

◆献立のポイント
厚揚げときのこの煮物や、肉じゃがなど、和風の煮物が合います。

※副菜2は、さやいんげん以外にするとバランスがよくなります。本書の中からお好みで選びましょう。

夏野菜

ピーマンの明太サラダ

シャキシャキッとした食感がたまらない！ ピーマン好きに試していただきたい一品。

◆調理のポイント
ピーマンは生のまま食べると、加熱に弱いビタミンCなどがしっかりとれます。冷水でシャキッとさせることが食感を楽しむためのポイントです。

◆アレンジアイデア
ツナ缶や、塩昆布、キムチなどでもおいしくできます。

◆献立のポイント
夏バテ解消には、豚肉との組み合わせがよいので、みそ漬け焼きや、しょうが焼きなどに。

※主菜の付け合わせは、ピーマン以外にするとバランスがよくなります。本書の中からお好みで選びましょう。

ズッキーニのバターポン酢ソテー

こんがり焼けたズッキーニの香ばしさ、バターの濃厚な風味、ポン酢しょうゆのさわやかな香りの三重奏。

◆調理のポイント
ズッキーニはできるだけ厚さ1cmに切りましょう。薄すぎると崩れやすくなり、厚すぎると味が染みにくくなります。

◆アレンジアイデア
きゅうりや大根のせん切りを加えてもおいしくできます。

◆献立のポイント
ハンバーグなどの洋風の主菜が合わせやすいですが、ポン酢しょうゆが和風なので、和風の主菜でも合います。

※主菜の付け合わせは、ズッキーニ以外にするとバランスがよくなります。本書の中からお好みで選びましょう。

その他の夏野菜

秋野菜 見るだけで作れる！ いちばん簡単な副菜

かぼちゃ

準備 一口大に切って電子レンジで加熱する

- **すぐ食べる** みそマヨドレッシングをかける → P14 上
- **作り置き** 水で3倍に薄めためんつゆに漬ける → P14 下

きのこ

準備 一口大に割いて電子レンジで加熱する

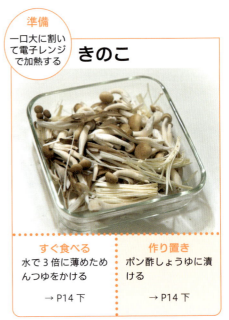

- **すぐ食べる** 水で3倍に薄めためんつゆをかける → P14 下
- **作り置き** ポン酢しょうゆに漬ける → P14 下

にんじん

準備 皮をむき、長さ4〜5cmの棒状に切る

- **すぐ食べる** 好みのドレッシングをかける → P14 上
- **作り置き** 甘酢汁に漬ける → P14 中

じゃが芋

準備 皮をむき、一口大に切って電子レンジで加熱する

- **すぐ食べる** 好みのドレッシングをかける → P14 上
- **作り置き** ハニーマスタードソースで和える → P15 上

秋になると、芋類、根菜類、きのこ類が増えてきます。春や夏の野菜に比べて、水分が少ない分、甘みが多いのが特徴です。皮をむいて火を通して食べるものが増えるので、基本の扱いをご紹介します。

秋野菜

ごぼう

準備 たわしで洗い、長さ4cmの棒状に切り、酢水でゆでる

すぐ食べる	作り置き
好みの万能だれをかける	ポリポリ汁に漬ける
→ P15	→ P14 中

れんこん

準備 皮をむき、厚さ5mmの輪切りにして、酢水でゆでる

すぐ食べる	作り置き
好みの万能だれをかける	甘酢汁に漬ける
→ P15	→ P14 中

長芋

準備 皮をむき、厚さ1cmの輪切りにする

すぐ食べる	作り置き
ポン酢しょうゆをかける	ポン酢しょうゆに漬ける
→ P14 下	→ P14 下

玉ねぎ

準備 皮をむき、串切りにして電子レンジで加熱する

すぐ食べる	作り置き
好みのドレッシングをかける	甘酢汁に漬ける
→ P14 上	→ P14 中

かぼちゃ / きのこ / にんじん / じゃが芋 / その他の秋野菜

秋野菜の扱い方 ひと口メモ

かぼちゃ

夏と冬と年2回旬があります。冬至にかぼちゃを食べる慣習からもわかるように、秋から冬が栄養価が高まります。

◆保存のポイント
種とわたから腐敗しやすいので、スプーンでとり除いて保存すると日持ちします。

◆調理のポイント
βカロテンやビタミンEは油ととると吸収率が高まります。切る前に電子レンジで加熱すると、楽に切れます。

きのこ

今は人工栽培で年中出回っていますが、本来は9〜11月ごろが旬です。

◆保存のポイント
数種類を食べやすく切り、まとめて保存袋で冷凍しておくと使い勝手がよくなります。

◆調理のポイント
水分に弱いので、汚れをとるのみで水洗いせずに使いましょう。冷凍したまま料理に使用できます。

にんじん

通年出回っている人気野菜ですが、旬は10〜12月ごろ。晩秋に甘みが増しておいしくなります。

◆保存のポイント
乾いたキッチンペーパーに包んで、立てて冷蔵保存を。いちょう切りか輪切りで硬めにゆでて、冷凍保存も可能。

◆調理のポイント
皮に栄養があるので、すぐ食べるときはむかないほうが◎。ただ、皮から腐敗しやすいので、作り置きにする際は、むいたほうが◎！

じゃが芋

通年出回っている人気野菜で、春と秋と2回旬があります。一般的に春は皮が薄め、秋は皮が厚めです。

◆保存のポイント
低温下ではでんぷんが変質してしまうので、冬は常温保存、夏は乾いたキッチンペーパーに包んで冷蔵保存を。ゆでてつぶして冷凍保存も可能。

◆調理のポイント
加熱に強いビタミンCを含んでいます。春の新じゃがは皮つきで調理もOKです。

ごぼう

11〜2月ごろが旬です。料理初心者には洗いごぼうがおすすめです。

◆保存のポイント
冷蔵庫に入る長さに切り、乾いたキッチンペーパーで包んで保存を。

◆調理のポイント
皮は栄養豊富なのでむかずに、たわしで洗えばOK！　水に浸けすぎると栄養が抜けるので、あく抜きは酢水でゆでる方法が◎。

れんこん

秋から冬、11〜3月ごろが旬です。生食も可能ですが、あく抜きに手がかかるので、酢水でゆでれば簡単です。

◆保存のポイント
乾いたキッチンペーパーに包んで冷蔵保存か、ゆでて保存袋に入れて冷凍保存も可能です。

◆調理のポイント
手軽なのは、酢水でゆでるか、さっと水に通して炒めること。ハンバーグやつくねにすると独特のもちもち感が味わえます。

長芋

春と秋、2回旬があります。一般的に、春は甘みが増し、秋は皮が薄くあくが少なくて食べやすいのが特徴です。

◆保存のポイント
冷蔵庫に入る大きさに切って、乾いたキッチンペーパーに包んで冷蔵保存か、すりおろして冷凍保存も可能。

◆調理のポイント
手を酢水に浸けてから扱うとかゆみ防止に。かゆみのもとは皮にあるので、お子さんには、厚めにむいてあげると安心です。

玉ねぎ

新玉ねぎ（P18右下・20右下・34〜35）は春が旬ですが、玉ねぎは秋が旬です。疲労回復成分硫化アリルが豊富。

◆保存のポイント
日持ちするので生のまま保存できます。冬場は冷暗所で常温保存を。夏場は、冷蔵保存を。切って冷凍保存も可能。

◆調理のポイント
へたを切るとバラバラになるので、用途に応じた切り方を。

かぼちゃの副菜

かぼちゃの塩バター

◆材料（2人分）
かぼちゃ…¼個
塩…小さじ¼
バター…10g

◆作り方
① かぼちゃはスプーンで種とわたをとり、小さめの一口大に切る。
② ①を耐熱皿に載せ、ラップをして電子レンジで4〜5分加熱する。
③ ②に塩とバターを加え、混ぜる。

かぼちゃの甘辛焼き

◆材料（2人分）
かぼちゃ…¼個
サラダ油…適量
しょうゆ…大さじ1½
みりん…大さじ1½
砂糖…小さじ2

◆作り方
① かぼちゃは電子レンジで1分加熱し、種とわたをとり、一口大の薄切りにする。
② フライパンにサラダ油を熱し①を並べ、中火で両面焼く。
③ 調味料を加えて煮詰めながら全体に絡める。

秋野菜 / かぼちゃ

かぼちゃのごまみそ煮

◆材料（2人分）
かぼちゃ…¼個
みそ…大さじ1
砂糖…大さじ½
白すりごま…大さじ1

◆作り方
① かぼちゃは種とわたをとり、3cm程度の角切りにする。
② 鍋に水（カップ¾）・みそ・砂糖を入れて混ぜ、①を入れて中火にかける。煮立ったら落としぶたをして弱めの中火で10〜13分ほど、汁けが少なくなるまで煮る。
③ 火を止め、白すりごまを加えてかぼちゃが崩れないようにそっと混ぜる。

かぼちゃのサラダ

◆材料（2人分）
かぼちゃ…¼個
マヨネーズ…大さじ2
ヨーグルト…大さじ2
塩・こしょう…少々

◆作り方
① かぼちゃは種とわたをとり、一口大に切る。耐熱容器に並べ、水（大さじ1）をふり、ラップをしてレンジで5分加熱する。
② フォークで①をつぶす。
③ ②にすべての材料を加え、さらに滑らかになるようによくつぶして混ぜる。

アレンジアイデアと献立ノート

かぼちゃの塩バター

プラス塩でかぼちゃの甘みが、プラスバターでかぼちゃのコクがぐ〜んとアップ！

◆調理のポイント
電子レンジにかけた後、塩とバターを加えて混ぜますが、好みでかぼちゃをつぶしながら混ぜても OK。よりバターとなじみます。

◆アレンジアイデア
ナッツや黒ごまなどをふると、香ばしさが加わります。

◆献立のポイント
かぼちゃのカルシウムは、グラタンなど、乳製品を使った料理と合わせると、相乗効果で吸収が高まります。

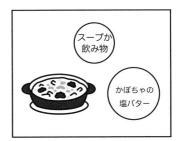

かぼちゃの甘辛焼き

甘辛味なら煮物もいいけど、これならすぐ火が通るので忙しいときでもすぐできます。

◆調理のポイント
かぼちゃは電子レンジで1分加熱するだけで、だいぶやわらかくなり、力を込めなくても、切りやすくなります。

◆アレンジアイデア
同じような大きさに切ったピーマンや、さやいんげんなどを一緒に焼くと彩りよくなります。

◆献立のポイント
筑前煮など鶏肉を使った煮物や煮込み料理のような、汁気のある主菜に合わせると相性◎。

※副菜2は、かぼちゃ以外にするとバランスがよくなります。本書の中からお好みで選びましょう。

秋野菜

かぼちゃ

かぼちゃのごまみそ煮

ごまとみその風味が、かぼちゃの甘みにぴったり。秋を感じる味です。

◆調理のポイント
落としぶたをすることで、加熱むらや味むらなくなり、料理全体を均一に仕上げてくれます。また、煮崩れ防止にもなります。

◆アレンジアイデア
きのこや、豚こま切れ肉などを一緒に煮てもおいしくできます。

◆献立のポイント
かぼちゃの甘みと濃いみその味に合わせるなら、焼き魚やステーキなど、シンプルな調理法の主菜が合います。

かぼちゃのサラダ

マヨネーズとヨーグルトを1:1で使うことで、ほどよいコクとさっぱりした味のサラダに。

◆調理のポイント
皮は付いたままで大丈夫ですが、はずしてから電子レンジにかけると火の通りがよくなり、かぼちゃの黄色1色のサラダになります。

◆アレンジアイデア
ポテトサラダ感覚で、玉ねぎやハムなど、好みの具材を加えても OK です。

◆献立のポイント
カレーやパスタなどに添えるとちょうどよい副菜です。かぼちゃの甘みはカレーの刺激をやわらげてくれます。

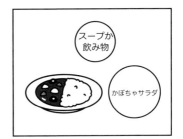

きのこの副菜

えのきユッケ

◆材料（2人分）
えのきだけ…1パック
コチュジャン・ごま油・しょうゆ・みりん…各小さじ2
卵黄…1個
白いりごま・万能ねぎ（小口切り）…各適量

◆作り方
① えのきだけは根元をカットして、半分に切り、ほぐす。耐熱容器に入れてラップをし、電子レンジで3分加熱する。
② ①に調味料を加えて混ぜる。
③ 器に盛り、卵黄を載せ、白ごまをふり、ねぎを散らす。

きのこの酒蒸し

◆材料（2人分）
しめじ…½パック
えのきだけ…½パック
輪切り唐辛子…適量
酒…大さじ1
しょうゆ…小さじ½
塩…小さじ¼

◆作り方
① しめじは石づきをとり、ほぐす。
② えのきだけは根元をカットして、半分に切り、ほぐす。
③ 耐熱容器に①②、すべての材料を入れ、電子レンジで2分半加熱する。

秋野菜

きのこのオイマヨソテー

◆材料（2人分）
しいたけ…2枚
しめじ・えのきだけ…各⅓パック
オイスターソース…大さじ1
マヨネーズ…大さじ1
しょうゆ…小さじ1
白ごま…適量

◆作り方
❶しいたけは石づきをとり薄切りにする。しめじは石づきをとりほぐす。えのきだけは根元をカットして半分に切り、ほぐす。
❷フライパンにマヨネーズを熱し、中火で❶を炒める。
❸❷がしんなりとしたらオイスターソース・しょうゆ・白ごまを加えて混ぜる。

きのこ

エリンギメンマ

◆材料（2人分）
エリンギ…1パック
鶏がらスープの素…小さじ1
しょうゆ…小さじ1
砂糖…小さじ½
ごま油…小さじ1
ラー油…適宜

◆作り方
❶エリンギは短冊切りにする。
❷耐熱容器に❶を入れてラップをし、電子レンジで2分加熱する。
❸水分をきり、すべての調味料を加えて混ぜ合わせる。

アレンジアイデアと献立ノート

えのきユッケ

歯ごたえのあるユッケを食べているような感覚。電子レンジ加熱だけでできる超簡単副菜です。

◆調理のポイント
えのき1パックに卵黄1個で2人分です。卵を崩して、全体を混ぜてから召し上がってください。

◆アレンジアイデア
きのこの種類を増やしたり、もやしや豚こま切れ肉を加えたり、できあがってからせん切りきゅうりを混ぜても！

◆献立のポイント
ご飯のおともに最適です。豚肉や豆腐との相性がよいので、しょうが焼きや、豆腐のステーキなどと合います。

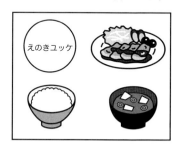

きのこの酒蒸し

ぷりっぷりのきのこをかみしめると、うまみがじわり。味がどんどん染みるので、作り置きにも最適。

◆調理のポイント
すべての材料を混ぜて電子レンジにかけるだけ、といたって簡単。しめじを手で割くと、味がよく染みこみます。

◆アレンジアイデア
お好みでどんなきのこを使ってもよいですが、最低2種類は使うとおいしくできます。

◆献立のポイント
きのこのうまみに、ピリッとした辛味がアクセント。煮魚からパスタまで、どんな主菜にも合います。

※副菜2と主菜の付け合わせは、きのこ以外にするとバランスがよくなります。本書の中からお好みで選びましょう。

秋野菜

きのこのオイマヨソテー

オイスターソース、マヨネーズ、しょうゆの三重奏。大人も子どもも好きな味です。

◆調理のポイント
マヨネーズを、油の代わりに使っています。フライパンにマヨネーズを入れたら、まんべんなく広げて、きのこを炒めることがコツ。

◆アレンジアイデア
加えるなら、キャベツや青梗菜などの葉物や、ベーコンも、この味付けにぴったりです。

◆献立のポイント
きのこのうまみが引き出されて、味わい深くなるので、さばの塩焼きなど、シンプルな料理が合います。

きのこ

エリンギメンマ

本物のメンマのような見た目。コリコリした歯ざわりが心地よく、漬物感覚で楽しめます。

◆調理のポイント
エリンギは、個体によって大きさも太さも異なるので、同じ大きさになるよう切り方を工夫をしてください。1㎝×3㎝程度が食べやすいでしょう。

◆アレンジアイデア
作り置きにして味が染みてから、汁ごと炒め物に使えば、調味料いらずで、手軽に一品作れます。

◆献立のポイント
ご飯のおともにぴったりです。ラーメンのおともに、また、チャーハンや餃子と合わせてメンマ風に食べても！

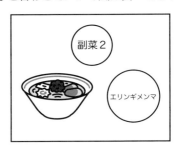

77

にんじんの副菜

にんじんのカレーソテー

◆材料（2人分）
にんじん…1本
　オリーブ油…小さじ1
　カレー粉…小さじ1
　塩…小さじ⅓

◆作り方
① にんじんは厚さ1㎝の輪切りにする。
② フライパンにオリーブ油を熱し、①を並べ、焼き色が付くまで弱めの中火で焼く。
③ ②に、カレー粉・塩をまぶす。

にんじんのハムサラダ

◆材料（2人分）
にんじん…1本
　ハム…3枚
　マヨネーズ…大さじ1
　酢…小さじ1
　塩・こしょう…少々

◆作り方
① にんじんとハムをせん切りにする。
② ①を耐熱容器に入れてラップをし、電子レンジで1分30秒加熱する。
③ ②にすべての調味料を加えて混ぜる。

秋野菜

にんじんのたらこ炒め

◆材料（2人分）
にんじん…1本
　たらこ…1本
　サラダ油…適量
　しょうゆ…小さじ1

◆作り方
❶にんじんは細めの短冊切り。たらこは薄皮をとる。
❷フライパンにサラダ油を熱し、にんじんを中火で炒める。
❸しんなりとしたら、たらこを加えて白っぽくなるまで炒め、しょうゆを回し入れてさっと混ぜる。

にんじん

にんじんのコンソメバター煮

◆材料（2人分）
にんじん…1本
　コンソメスープの素(顆粒)
　…小さじ½
　バター…10g
　乾燥パセリ…適宜

◆作り方
❶にんじんは長さ4㎝に切り4つ割りにする。
❷鍋に❶・かぶる程度の水・コンソメ・バターを加えて火にかけ、弱めの中火で汁けが少なくなるまで煮る。
❸器に盛り、好みでパセリをふる。

アレンジアイデアと献立ノート

にんじんのカレーソテー

皮ごと輪切りにして、そのままソテー。表面積が多い分、カレーの風味がしっかり付きます。

◆調理のポイント
弱めの中火でゆっくり焼くことで、表面が焦げる前に中まで火が通ります。やや歯ごたえのあるふっくらした食感に仕上がります。

◆アレンジアイデア
一口大に切った鮭やいか、野菜ならカリフラワーとソテーすると相性よくまとまります。

◆献立のポイント
カレーの風味がアクセントになります。ハンバーグや肉と野菜を使った炒め物などにも合います。

にんじんのハムサラダ

にんじんに加えて、冷蔵庫のハムもせん切りに。にんじんの風味に、ハムの香りが驚くほど合います！

◆調理のポイント
スライサー（P10中）使うと楽にできます。電子レンジでにんじんを加熱することで、ハムとの調和もとれて、調味料も染みこみやすくなります。

◆アレンジアイデア
コーンや細切りのピーマンを加えると彩り豊かになります。

◆献立のポイント
ほのかに酸味がきいていて、歯ごたえもあるので、クリームシチューなど、濃厚な味の主菜に合います。

※主菜の付け合わせは、にんじん以外にするとバランスがよくなります。本書の中からお好みで選びましょう。

秋野菜

にんじんのたらこ炒め

油で炒めることで、βカロテンの吸収率がアップ。たらこの塩けとうまみ、プチプチ感がアクセントに！

◆調理のポイント
フライパンでさっと炒めるとしんなりするので、せん切りほど細く切らなくても、大丈夫。手間も時間もかからず作ることができます。

◆アレンジアイデア
ご飯に載せたり、パスタの具にしても。細めの短冊が難しい方は、ピーラー（皮むき器）を使っても OK です。

◆献立のポイント
たらことしょうゆの味がしっかりきいているので、魚のソテーなど、シンプルな調理法の主菜に合います。

にんじんのコンソメバター煮

にんじんの甘みとやわらかな食感がたまらない！　寝かせるとコンソメの風味が染みるので、作り置きにも最適。

◆調理のポイント
切るときにできるだけ同じ大きさにそろえて切ると、火の通りや味付けに偏りなく、仕上がります。

◆アレンジアイデア
4 cm程度のざく切りにした、じゃが芋や玉ねぎ、ベーコンなどと煮るとポトフ風になります。

◆献立のポイント
オムライスやパスタなどに。ちょっと一品足したいときに、作り置きにしておくと便利。

にんじん

じゃが芋の副菜

じゃが芋の甘辛煮

◆材料（2人分）
じゃが芋…2個
しょうゆ…大さじ1
酒…大さじ1
砂糖…大さじ1
万能ねぎ（小口切り）…適量

◆作り方
❶じゃが芋は皮をむき一口大に切る。
❷鍋に❶・すべての調味料・かぶる程度の水を加えて火にかける。煮立ったら弱めの中火にし、たまにやさしく転がしながら10分煮る。
❸器に盛り、万能ねぎを散らす。

じゃが芋のしらすサラダ

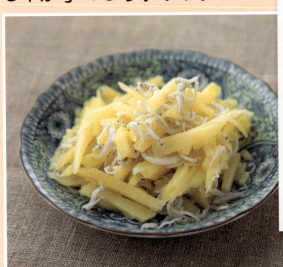

◆材料（2人分）
じゃが芋…2個
しらす…50g
塩…少々
オリーブ油…大さじ1

◆作り方
❶じゃが芋は皮をむき、せん切りにする。
❷❶を熱湯で1分ゆで、流水にとって冷まし、水けをよくきる。
❸ボウルですべての材料を混ぜる。

秋野菜

のり塩ポテト

◆材料（2人分）
じゃが芋…3個
　サラダ油…適量
　青のり…適量
　塩…少々

◆作り方
❶じゃが芋は皮をむき、半分（大きい場合は一口大）に切り、電子レンジで5分加熱する。
❷フライパンでサラダ油を熱し、じゃが芋を焼き色が付くまで焼く。
❸青のりと塩をふる。

じゃが芋のみそマヨ和え

◆材料（2人分）
じゃが芋…2個
　みそ…小さじ2
　マヨネーズ…大さじ1

◆作り方
❶じゃが芋は皮をむき、1～2cm角に切り、耐熱容器に入れてラップをし、電子レンジで5分半加熱する。
❷みそとマヨネーズを混ぜ合わせておく。
❸❶に❷を加えて和える。

じゃが芋

アレンジアイデアと献立ノート

じゃが芋の甘辛煮

しょうゆと砂糖の味付けは、おいしさの定番。大きめに切ったじゃが芋を調味料で煮るだけ！

◆調理のポイント
煮崩れないように、やさしく転がすことがポイント。でも、多少煮崩れても、それなりの味がでるので、初心者も挑戦しやすい副菜です。

◆アレンジアイデア
玉ねぎ・こま切れ肉を加えると、肉じゃが風に。玉ねぎ・鶏肉を加えると鶏じゃが風になります。

◆献立のポイント
天ぷら、唐揚げ、ぶりの照り焼きなど、和洋問わず合う味です。腹持ちがよいので、主食が少ないときにぴったり。

じゃが芋のしらすサラダ

シャキシャキ感が心地よいサラダ。いつものじゃが芋料理に飽きたときにぜひお試しを！

◆調理のポイント
せん切りにした後、少し水にさらす手間を加えると、よりおいしくなります。初夏に出回る新じゃが芋で作れば、よりシャキシャキ感が楽しめます。

◆アレンジアイデア
しらすがなければ、ツナや、ハム、ベーコンでもおいしくできます。

◆献立のポイント
さっぱりした塩味なので、和風の濃い味わいの煮物、とんカツなどの揚げ物にも合います。

※副菜2と主菜の付け合わせは、じゃが芋以外にするとバランスがよくなります。本書の中からお好みで選びましょう。

秋野菜

のり塩ポテト

子どもも大人も好きな味。揚げずに、少な目の油で焼くだけなのでヘルシーで作り置きにも最適です。

◆調理のポイント
電子レンジ加熱することでほっくりと仕上がります。しっかりめに焼き色が付いたほうが香ばしく仕上がりますが、好みで調節してください。

◆アレンジアイデア
崩れにくいメークインを使った場合は細切りにしても。ウインナやベーコンを加えるとボリュームが出ます。

◆献立のポイント
唐揚げ、ハンバーグなどに添えると、食がすすみます。おつまみや、おやつ感覚でも楽しめる一皿です。

じゃが芋のみそマヨ和え

みそとマヨネーズを混ぜると、じゃが芋にぴったりの味付けになります。和洋の中間の新鮮な味。

◆調理のポイント
電子レンジで簡単に火が通るよう、小さめの角切りにします。多少崩れても、みそマヨとなじみやすくなるので大丈夫です。

◆アレンジアイデア
同程度の大きさに切ったブロッコリーや、きゅうりなどを加えても。万能ねぎを散らすと見た目もアップします。

◆献立のポイント
みその味わいがきいているので、塩炒めなど、あっさりした味付けの主菜が合います。

じゃが芋

その他の秋野菜の副菜

ごぼうのみそ漬け

◆材料（2人分）
ごぼう…1本
　酢…少々
　みそ…大さじ2
　みりん…大さじ2

◆作り方
① ごぼうはよく洗い、4cm幅に切り、縦半分に切る。
② 酢を加えた湯で①を4分ゆでる。
③ ボウルでみそとみりんを混ぜ合わせ、②を加えて混ぜる。

長芋のにんにくめんつゆ漬け

◆材料（2人分）
長芋…1本（180g）
　にんにく…1片
　めんつゆ…大さじ2

◆作り方
① 長芋は皮をむき、厚さ1cmの輪切り、にんにくは薄切りにする。
② ポリ袋に①・めんつゆを入れて空気を抜いて口を閉じる。
③ 冷蔵庫で2時間以上おく。

れんこんきんぴら

◆材料（2人分）
れんこん…200g
ごま油…小さじ1
A ┃ しょうゆ・みりん・酒
　┃ 　…各大さじ1
　┃ 砂糖…大さじ½
　┃ 酢…小さじ1
黒いりごま…適量

◆作り方
❶れんこんは皮をむき棒状に切る。
❷フライパンにごま油を熱し、❶を炒める。
❸❷にAを加えて絡め、器に盛り、ごまをふる。

玉ねぎのカレーピクルス

◆材料（2人分）
玉ねぎ…1個
カレー粉…小さじ1
酢…大さじ3
砂糖…大さじ2
塩…ひとつまみ
乾燥パセリ…適宜

◆作り方
❶玉ねぎは皮をむき、くし切りにし、耐熱容器に入れてラップをし、電子レンジで3分加熱する。
❷ボウルですべての調味料を混ぜ合わせ、❶が熱いうちに浸す。
❸器に盛り、好みでパセリをふる。

アレンジアイデアと献立ノート

ごぼうのみそ漬け

ごぼうの香りにみその風味がマッチして、すぐに食べても、2〜3日漬けてから食べてもおいしい！

◆調理のポイント
酢を加えた湯でゆでることで、ごぼうのあく抜きになります。粒感のある赤みそを使っていますが、合わせみそや白みそでも同じ作り方でできます。

◆アレンジアイデア
薄切り肉を巻いて肉巻きにしたり、味がしっかり染みた後は、刻んで肉と炒めてもよいでしょう。

◆献立のポイント
ほのかに酸味のきいたみそ味なので、肉豆腐などの豆腐を使った主菜や、厚揚げを使った主菜などに合います。

※副菜2は、ごぼう以外にするとバランスがよくなります。本書の中からお好みで選びましょう。

長芋のにんにくめんつゆ漬け

細切りサラダだけじゃない！　漬物にすれば、手間いらずで、長くおいしく食べられます。

◆調理のポイント
長芋の皮をむくときは、できるだけ手で持つ部分の皮を残しながらむくか、キッチンペーパーなどで持ってむくと、かゆみを防げます。

◆アレンジアイデア
にんにくのかわりにしょうがや、わさびなどでもおいしくできます。

◆献立のポイント
シャキシャキッとした食感の漬物なので、煮魚や煮物などやわらかな食感の主菜に合います。

※副菜2は、長芋以外にするとバランスがよくなります。本書の中からお好みで選びましょう。

秋野菜

れんこんきんぴら

見かけだけではれんこんとはわからない!? ピリッとした辛味と、ごまの香ばしさがたまらない！

◆調理のポイント
輪切りをきれいに切るのはなかなかハードルが高いですが、この切り方は初心者さんにもおすすめ。れんこんならではの食感がしっかり味わえる切り方です。

◆アレンジアイデア
鶏肉などを一緒に炒めてもおいしくできます。

◆献立のポイント
定番的には、きんぴらに合う主菜は煮魚。作り置きしておけば、うどんやそばなどの副菜にもぴったりです。

※副菜2は、れんこん以外にするとバランスがよくなります。本書の中からお好みで選びましょう。

玉ねぎのカレーピクルス

血液サラサラ効果のある玉ねぎ。和にも洋にも合うピクルスなら、常備できて、どんな食事も合います。

◆調理のポイント
ピクルスは、素材が熱いうちに調味液に漬けることが鉄則です。そうすることで、味がよく染みこみます。

◆アレンジアイデア
きゅうり、パプリカなど他の野菜を一緒に漬けても。また、玉ねぎのピクルスを肉と炒めて一品作っても！

◆献立のポイント
酸味とスパイスがきいた味なので、ステーキ、肉巻きなど、お肉料理に合わせると、さっぱりとまとめてくれます。

※主菜の付け合わせは、玉ねぎ以外にするとバランスがよくなります。本書の中からお好みで選びましょう。

その他の秋野菜

冬野菜 〈見るだけで作れる！〉 いちばん簡単な副菜

かぶ

準備
葉を落としてくし切りにする

すぐ食べる	作り置き
みそをつける	甘酢汁に漬ける
	→ P14 中

大根

準備
1cm×3cmの短冊切りにする

すぐ食べる	作り置き
ポリポリ汁に漬ける	ポリポリ汁に漬ける
→ P14 中	→ P14 中

白菜

準備
芯は薄切り、葉はざく切りにする

すぐ食べる	作り置き
甘酢汁に漬ける	浅漬け汁に漬ける
→ P14 中	→ P14 中

小松菜

準備
根を1cm落とし、葉も茎も一口大に切り、電子レンジで加熱する

すぐ食べる	作り置き
ポン酢しょうゆをかける	水で3倍に薄めためんつゆに漬ける
→ P14 下	→ P14 下

厳しい寒さの中で旬を迎える冬野菜は、低温にさらされることで、中に糖度を秘めた野菜が多く、加熱することで、甘みが増す特徴があります。栄養を逃さずおいしく食べる方法をご紹介します。

ほうれんそう

準備 根の突起を落とし、十字に切り込みを入れ（P93）、ゆでる

すぐ食べる	作り置き
水で3倍に薄めためんつゆをかける	水で3倍に薄めためんつゆに漬ける
→ P14 下	→ P14 下

春菊

準備 根を1cm落とし、長さ3〜4cmに切る

すぐ食べる	作り置き
好みのドレッシングをかける	ゆでて、水で3倍に薄めためんつゆに漬ける
→ P14 上	→ P14 下

長ねぎ

準備 根を落とし、長さ4〜5cmに切ってゆでる

すぐ食べる	作り置き
みそマヨドレッシングをかける	ポン酢しょうゆに漬ける
→ P14 上	→ P14 下

ブロッコリー

準備 小房に分け、芯は薄切りにし（P93）、電子レンジで加熱する

すぐ食べる	作り置き
好みのドレッシングをかける	水で3倍に薄めためんつゆに漬ける
→ P14 上	→ P14 下

冬野菜 / かぶ / 大根 / 白菜 / 小松菜 / その他の冬野菜

冬野菜の扱い方 ひと口メモ

かぶ

春と秋の2回旬があります。晩秋から冬にかけての11〜1月が甘みが増す時期。葉は緑黄色野菜で栄養豊富。

◆**保存のポイント**
葉を落として冷蔵保存を。ゆでて冷凍保存も可能。葉は早めに使い切りましょう。

◆**調理のポイント**
葉元を1cm残して落とし、水に浸けて茎の間を竹串で洗う（仕あがりはP94上）のが正統派（！）下処理です。

大根

通年出回る人気野菜ですが、晩秋から春先まで、11〜3月が旬です。かぶと同様、葉は緑黄色野菜です。

◆**保存のポイント**
葉の成長に養分をとられないよう葉を落とし、冷蔵保存を。用途に応じて切り（またはおろし）、冷凍保存も可能。葉は早めに使い切りましょう。

◆**調理のポイント**
皮はざらつくので厚めにむくのが基本ですが、むいた皮もせん切りにして炒めれば食べられます。

白菜

晩秋から冬まで、11〜2月ぐらいが旬で、冬を代表する葉物野菜です。

◆**保存のポイント**
大きな野菜なので、そのまま保存するより、刻んで塩でもむか、ゆでて、早めに食べるなら冷蔵保存、ゆっくり食べるなら冷凍保存がおすすめです。

◆**調理のポイント**
洗うときは大きめの桶があると便利です。芯は薄切りに、葉は2〜3枚重ねてざく切りに。

小松菜

冬から春先の11〜3月が旬で、冬を代表する緑黄色野菜です。βカロテン、ビタミンC、カルシウムが豊富。

◆**保存のポイント**
冷凍するとゆでずに和え物などにできるので、すぐ食べない場合は、一口大に切って生で冷凍保存がおすすめです。

◆**調理のポイント**
油ととるとβカロテン、クエン酸（ポン酢しょうゆなど）ととるとビタミンC、ビタミンD（乳製品など）ととるとカルシムの吸収がアップ！

ほうれんそう

12～1月、まさに冬が旬の緑黄色野菜です。通年出回りますが、冬場は甘みが増して栄養価も高まります。

◆保存のポイント
傷みやすい葉物なので、ゆでてから保存がおすすめ。早めに食べるなら冷蔵、ゆっくり食べるなら冷凍保存を。

◆調理のポイント
根の突起を落とし、十字に切り込みを入れると、きれいに洗えます。

春菊

冬から春先まで、11～3月が旬です。独特の香りがあるものの、あくが少なく、生でも食べれらます。

◆保存のポイント
乾燥しないよう、濡れたキッチンペーパーに包んで立てて冷蔵保存を。生のまま保存袋に入れ、冷凍保存も可能。

◆調理のポイント
すぐ食べるなら、生でもよいですが、作り置きにする場合は、ゆでたほうが日持ちします。ゆで時間が長いと苦味が出るので注意を！

長ねぎ

晩秋から冬の11～2月ぐらいが旬で、硫化アリルの一種のアリシン、青い部分にはβカロテンが含まれます。

◆保存のポイント
冷蔵庫に入る長さに切り、乾いたキッチンペーパーに包んで立てて冷蔵保存を。または用途に応じて切って冷凍保存も可能。

◆調理のポイント
青い部分に栄養があるので、捨てずに使いましょう。少々硬いですが、白い部分と同じ扱い方で調理できます。

ブロッコリー

通年出回っていますが、冬から春先の11～3月が旬の緑黄色野菜です。

◆保存のポイント
蕾が開くと苦味がでるので、ゆでてから保存を。早めに食べるなら冷蔵保存、ゆっくり食べるなら冷凍保存を。

◆調理のポイント
茎は下4cmほど落とし、皮の硬い部分を厚くむき、中の白っぽいやわらかい部分を使いましょう。

かぶの副菜

かぶの梅煮

◆材料（2人分）
かぶ（葉付き）…3個
　白だし…大さじ2
　みりん…大さじ1
　梅干し…2個

◆作り方
1. かぶは皮付きのまま6等分のくし切りに、葉は長さ4cmに切る。
2. 鍋に白だし・みりん・水（カップ1½）を煮立てる。
3. 2に1と梅干しを加え、梅干しを崩しながら弱火で10分煮る。

かぶのたらこサラダ

◆材料（2人分）
かぶ（葉付き）…2個
　たらこ…½本
　マヨネーズ…大さじ1
　ポン酢しょうゆ…大さじ1

◆作り方
1. かぶは皮をむき、半分に切って半月切りに、葉は細かく刻む。
2. たらこは薄皮を除く。
3. マヨネーズとポン酢しょうゆを混ぜ合わせ、1, 2を加えて混ぜる。

かぶのにんにくバター炎め

◆材料（2人分）
かぶ（葉付き）…2個
バター…8g
おろしにんにく…小さじ½
しょうゆ…大さじ1
砂糖…大さじ½
粗挽きこしょう…適量

◆作り方
❶かぶは皮をむき、くし切りに、葉は長さ4cmに切る。
❷フライパンにバターを溶かし、❶を並べ中火で焼く。
❸焼き色が着いたら、にんにく・しょうゆ・砂糖を加え、炒めながら全体に絡め、器に盛り、こしょうをふる。

かぶの塩昆布漬け

◆材料（2人分）
かぶ（葉付き）…2個
めんつゆ…大さじ2
酢…小さじ2
塩昆布…7g
削り節…適量

◆作り方
❶かぶは皮付きのまま半分に切って半月切り、葉は1cm幅に刻む。
❷ポリ袋にすべての材料を入れる。
❸もんで混ぜ合わせ、5分おく。

アレンジアイデアと献立ノート

かぶの梅煮

白だしとみりんのやさしい味に、梅干しの酸味が加わった上品な煮物。葉もしんなりと煮ます。

◆調理のポイント
かぶは身も葉も同時に鍋に入れて大丈夫。梅干しは煮ながら木べらなどを使って崩すことで、味がしっかり染みこみます。

◆アレンジアイデア
ちくわなどの練り物や、鶏肉などを加えてもおいしくできます。

◆献立のポイント
梅の味付けでやわらかく仕上げた煮物なので、とんカツや天ぷらなどの揚げ物、炒め物などの主菜と合います。

かぶのたらこサラダ

かぶの白、葉の緑、たらこのピンクで、彩りよい一皿。うまみもしっかり！

◆調理のポイント
切って混ぜるだけ。かぶのやさしい味と、葉のほのかな苦み、たらこのプチプチ感を、マヨネーズとポン酢しょうゆがまとめてくれます。

◆アレンジアイデア
たらこを使ったサラダは、大根、れんこん、じゃが芋、里芋などさまざまな野菜にアレンジ可能。

◆献立のポイント
和風パスタや、カレーなどに合わせやすい副菜です。おつまみやご飯のおともにも。

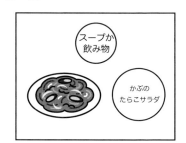

※副菜2と主菜の付け合わせは、かぶ以外にするとバランスがよくなります。本書の中からお好みで選びましょう。

冬野菜

かぶ

かぶのにんにくバター炒め

にんにくとバターの香りが食欲を刺激。どんな主菜にも合わせやすい副菜です。

◆調理のポイント
かぶはまずフライパンに均等に並べること。調味料は、焼き色が付いてから加えること。全体にしっかり絡めることがポイントです。

◆アレンジアイデア
ベーコンや豚こま切れ肉を一緒に炒めてもおいしくできます。

◆献立のポイント
ハンバーグなど洋風の主菜に。しょうゆベースのにんにく風味なので、和洋中問わず合わせやすいです。

かぶの塩昆布漬け

5分で浸かる即席漬物。昆布・削り節・めんつゆのだしのトリプルのうまみで、2〜3日後はさらにおいしい！

◆調理のポイント
かぶは、大きめのものは皮をむいたほうがよいですが、小ぶりのものは皮付きのままでも OK です。ただし、漬物にするときは、大きめのものも皮付きで OK です。

◆アレンジアイデア
キャベツ、にんじん、大根など、さまざまな野菜に使える漬物レシピです。

◆献立のポイント
和食を中心に幅広く合います。昆布と削り節のうまみがしっかりしているので、おつまみにも。

大根の副菜

大根ののりわさサラダ

◆材料（2人分）
大根…10cm
　ねりわさび…小さじ1
　しょうゆ…大さじ1½
　砂糖…大さじ1
　酢…大さじ1
　白いりごま…適量
　のり（全形）…2枚

◆作り方
① 大根は皮をむき、細切りにする。
② ボウルですべての調味料とごまを混ぜ合わせ、①を加えて混ぜる。
③ ②に、のりを小さくちぎりながら加え、混ぜる。

大根のツナ煮

◆材料（2人分）
大根…8cm
　コンソメ顆粒…小さじ1
　ツナ缶（水煮）…1缶

◆作り方
① 大根は皮をむき、厚さ2～3mmの短冊切りにする。
② 鍋に水（カップ1）と大根を入れて煮立て、コンソメ顆粒を加える。
③ ②にツナ缶を汁ごと加え、落としぶたをして弱めの中火で10分煮る。

冬野菜 / 大根

大根のしょうが焼き

◆材料（2人分）
大根…10㎝
　ごま油…適量
　おろししょうが…小さじ1
　しょうゆ・みりん…各大さじ1
　砂糖…小さじ1
　万能ねぎ（小口切り）…適量

◆作り方
❶大根は皮をむき、厚さ8㎜の銀杏切り。耐熱容器に入れ、ラップをして電子レンジで5分加熱する。
❷フライパンにごま油を熱し大根を炒め、しょうがとすべての調味料を加えて絡める。
❸器に盛り、ねぎを散らす。

大根のごまマヨ和え

◆材料（2人分）
大根…8㎝
　塩…小さじ½
　白すりごま…大さじ2
　マヨネーズ…大さじ1
　めんつゆ…大さじ1
　一味唐辛子…適宜

◆作り方
❶大根は皮をむき、長さ4㎝の細切りにし、塩をふって5分おき、水けを絞る。
❷ボウルでごまとすべての調味料を混ぜ合わせる。
❸❷に❶を加えて和え、器に盛り、好みで一味唐辛子をふる。

アレンジアイデアと献立ノート

大根ののりわさサラダ

大根のみずみずしさに、のりとわさびの風味が絶妙にとけあい、主菜の肉や魚にさっぱり感をプラス！

◆調理のポイント
大根の皮はざらつくので、厚めにむきましょう。のりは溶けますが、全体に絡まるので、作り置きにもできます。

◆アレンジアイデア
同じ調味液で、せん切りにしたきゅうりや薄切り玉ねぎ、ゆでたほうれん草などにもアレンジできます。

◆献立のポイント
わさびや大根おろしが合う主菜ならば大体合います。和風ステーキや、とんカツなど、幅広く合わせられます。

大根のツナ煮

新鮮な魚をそのまま缶に封じ込めた、魚缶。汁ごと煮込むことで、うまみも栄養もそのままとれます。

◆調理のポイント
落としぶたをして弱めの中火で煮ることで、大根全体が均一に煮えて、味も全体にまんべんなく染みこみます。

◆アレンジアイデア
大根と同じくらいの大きさに切った、にんじんやきのこなどを加えて煮ても、おいしくできます。

◆献立のポイント
うまみがきいたシンプルな煮物なので、肉と野菜を使った炒め物などの主菜が合います。

※副菜2と主菜の付け合わせは、大根以外にするとバランスがよくなります。本書の中からお好みで選びましょう。

大根のしょうが焼き

ごま油としょうがの風味が大根にマッチ。外はこんがり香ばしく、中までやわらかく仕上がります。

◆調理のポイント
電子レンジで5分加熱するひと手間で、大根の余分な水分が排出され、中までやわらかくなります。

◆アレンジアイデア
大根はさまざまな食材と相性がよいので、豚こま切れ肉や、鶏肉、油揚げなど、幅広く合わせられます。

◆献立のポイント
ごま油で炒めたしっかり味の付いた副菜です。しょうがの風味が中華にも合うので、焼売などの蒸し料理が◎

大根のごまマヨ和え

塩もみすることでかさが減るので、食物繊維たっぷりの大根をしっかり食べられます。

◆調理のポイント
塩をふった後は、絞れば水分とともに塩分も流れますが、塩分が気になる方は、一度洗ってもOKです。

◆アレンジアイデア
シンプルな味付けなので、和風にするなら、カニカマや削り節、洋風にするなら万能ねぎやのりを散らしても◎！

◆献立のポイント
和洋問わず合わせやすい副菜です。春巻や餃子などの中華に合わせても、すっきりまとめてくれます。

101

白菜の副菜

白菜のコールスロー

◆材料（2人分）
白菜…⅛玉（約250g）
　塩…小さじ½
　砂糖…大さじ1
　オリーブ油…大さじ2
　酢…大さじ4
　こしょう…少々

◆作り方
① 白菜は根元を切って横に細切りにする。
② ボウルですべての調味料を混ぜ合わせる。
③ ②に①を加えて混ぜる。

白菜の中華和え

◆材料（2人分）
白菜…⅛玉
　塩…小さじ1
A ┌ しょうゆ・砂糖…各大さじ2
　├ 酢…大さじ3
　├ ごま油…大さじ1
　├ 輪切り唐辛子…小さじ1
　└ 白いりごま…大さじ1

◆作り方
① 白菜は1cm幅に切って塩をふり10分ほどおいて水けを絞る。
② ボウルでAを混ぜ合わせる。
③ ②に①を加えて和える。

冬野菜

白菜のバターしょうゆ焼き

◆材料（2人分）
白菜…1/8玉
　バター…10g
　しょうゆ…小さじ1
　削り節…適量

◆作り方
① 白菜は数枚重ねて3cm幅に切る。
② フライパンにバターを溶かし、①を並べ、ふたをして弱火で5分焼き、上下を返し、ふたをしてさらに5分焼く。
③ しょうゆを回し入れて絡め、器に盛り、削り節をふる。

白菜のくたくた煮

◆材料（2人分）
白菜…1/4玉
　にんにく…2片
　オリーブ油…大さじ1
　コンソメスープの素（固形）…1個
　塩…小さじ1/3
　こしょう…適宜

◆作り方
① 白菜は2cm幅に切り、にんにくはみじん切りにする。
② 鍋にオリーブ油とにんにくを入れて弱火にかけ、香りが立つまで炒める。
③ 白菜・水（カップ1）・スープの素・塩を加え、ふたをして中火で煮る。好みでこしょうをふる。

白菜

103

アレンジアイデアと献立ノート

白菜のコールスロー

古代ローマ時代からあるといわれるコールスロー。細かく刻んだ野菜を調味液で混ぜて作ります。

◆調理のポイント
調味液を混ぜ合わせて、白菜を混ぜるだけ。白菜の繊維を縦に切ることで、味が染みこみやすくなります。作り置きにもぴったりです

◆アレンジアイデア
せん切りのにんじん、薄切りの玉ねぎを加えてもおいしくできます。

◆献立のポイント
シンプルなサラダなので、和洋問わず、天ぷらや煮物など、いくつもの素材が主役になった主菜にも合います。

白菜の中華和え

白菜がおいしくなる和え物。塩でもむことで、水っぽくならないので、作り置きにも最適。

◆調理のポイント
塩をふった白菜は、絞れば水分とともに塩分も流れますが、塩分が気になる方は、一度洗ってもOKです。

◆アレンジアイデア
ボリュームアップならサラダチキンなどを加えても。柚子などかんきつを加えると風味がアップします。

◆献立のポイント
シンプルな中華風の和え物なので、酢豚や八宝菜など、素材をいくつか使った主菜が合います。

※副菜2は、白菜以外にするとバランスがよくなります。本書の中からお好みで選びましょう。

白菜のバターしょうゆ焼き

ざくざく切って、フライパンで焼くだけ。バターしょうゆの味付けは大人も子どもも好きな味。

◆調理のポイント
フライパンに入れた直後から、上下ひっくり返した後も、最初から最後まで、ふたをしたまま焼くこと。

◆アレンジアイデア
ベーコンや、きのこ、一口大に切った鮭を隣で焼いて、一緒に盛り付けてもよいでしょう。

◆献立のポイント
和洋問わず合わせやすい副菜です。やわらかな食感なので、炒め物など、歯ごたえの残る主菜がおすすめです。

白菜のくたくた煮

白菜をたくさん食べたいときはこれ！主菜に汁気がないときや、温かい副菜を添えたいときにも便利。

◆調理のポイント
オリーブ油でにんにくを炒める際は、弱火でしっかり香りが立つまで待つことがポイントです。

◆アレンジアイデア
ベーコンやウインナーを加えるとボリュームアップになります。

◆献立のポイント
洋風な味付けの汁気の多い副菜なので、汁気のない洋風料理に合います。パスタやグラタンに添えても◎。

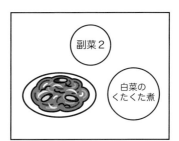

105

小松菜の副菜

小松菜の煮浸し

◆材料（2人分）
小松菜…1束
油揚げ…1枚
だし汁…カップ ¾
しょうゆ…大さじ1
みりん…大さじ1
削り節…軽くひとつかみ

◆作り方
① 小松菜は長さ4cmに切る。油揚げは熱湯を回しかけて油ぬきし、食べやすい大きさに切る。
② フライパンに、だし汁・しょうゆ・みりんを入れて混ぜ、①を加え、ふたをして中火で3分煮る。
③ 器に盛り、削り節をふる。

小松菜のオイル蒸し

◆材料（2人分）
小松菜…1束
オリーブ油…大さじ1
塩…小さじ ½
おろしにんにく…小さじ ½
粗挽きこしょう…適量

◆作り方
① 小松菜は長さ4cmに切る。
② フライパンに、水（大さじ1）オリーブ油・塩・にんにくを入れて混ぜ、①を加え、ふたをして弱めの中火で3分蒸す。
③ さっと混ぜて器に盛り、こしょうをふる。

小松菜のマスタードサラダ

◆材料（2人分）
小松菜…1束
粒マスタード…大さじ1
めんつゆ…小さじ2
砂糖…小さじ½

◆作り方
① 小松菜は長さ4cmに切る。
② ①を耐熱容器に入れ、電子レンジで2分半加熱し、水分をきる。
③ ボウルですべての調味料を混ぜ合わせ、②を加えて混ぜる。

小松菜のからし和え

◆材料（2人分）
小松菜…1束
ねりからし…小さじ1
しょうゆ…小さじ2
砂糖…小さじ2

◆作り方
① 小松菜は長さ4cmに切る。
② ①を耐熱容器に入れ、電子レンジで2分半加熱し、冷水にとって水けを絞る。
③ ボウルですべての調味料を混ぜ合わせ、②を加えて和える。

アレンジアイデアと献立ノート

小松菜の煮浸し

小松菜の定番料理。煮浸しと聞くと難しそうですが、ざく切りにして、調味液で3分煮るだけ!

◆調理のポイント
調味液と小松菜を全部セットしてから、火にかけます。中火で3分は、沸騰してからしばらく待つぐらいの感覚です。

◆アレンジアイデア
油揚げが定番ですが、なくてもOK。また、ボリュームを出したいなら、厚揚げや、ちくわ、きのこを加えても。

◆献立のポイント
緑黄色野菜は、油ととるとβカロテンの吸収が高まるので、料理に油を使っていないときは、揚げ物などの主菜に合わせるとよいでしょう。

小松菜のオイル蒸し

オイル蒸しで、小松菜のきれいな緑を保持。緑黄色野菜ならではのβカロテンがよく吸収できます。

◆調理のポイント
にんにくを加えることで、香りよく仕上がります。少量おろすのが面倒な方は、チューブのにんにくを使っても大丈夫です。

◆アレンジアイデア
同じ作り方で、オイル漬けの魚缶などを、汁ごと使って(水を大さじ1足す)も作れます。

◆献立のポイント
油を使った料理なので、焼き魚や焼き肉など、さっぱりした味わいの主菜が合います。

※副菜2と主菜の付け合わせは、小松菜以外にするとバランスがよくなります。本書の中からお好みで選びましょう。

冬野菜

小松菜のマスタードサラダ

からし和えの感覚で、小松菜と意外に合うのが粒マスタード。洋風の主菜に合わせやすくなります。

◆調理のポイント
電子レンジで加熱して出た余分な水分をよくきってから、調味液と混ぜると、味がしっかり付きます。

◆アレンジアイデア
魚介と相性がよいので、ぶつ切りのたこやいかを加えても。めんつゆ＋粒マスタードは、じゃがいもやブロッコリーなどにも合います。

◆献立のポイント
マスタードの酸味がグラタンなど、濃厚な料理に合います。乳製品と合わせるとカルシウムの吸収率もアップ！

小松菜のからし和え

一品足りないときも、ちゃちゃっと電子レンジですぐできる！ 飽きがこない和食の定番。

◆調理のポイント
冷水にとることで、余熱が残らず、鮮やかな色と歯ごたえを保つことができます。葉物野菜の調理に応用できるポイントです。

◆アレンジアイデア
もやしやきのこ、カニカマや、せん切りにしたちくわを加えてもおいしくできます。

◆献立のポイント
和風の主菜に合わせやすい副菜です。魚のフライやとんカツなど、からしと相性のよい主菜を合わせましょう。

小松菜

その他の冬野菜の副菜

ほうれんそうのナムル

◆材料（2人分）
ほうれんそう…1束
　塩・砂糖…各小さじ⅓
　白いりごま…大さじ1
　ごま油…小さじ2

◆作り方
1. ほうれんそうは長さ4cmに切る。
2. 1をゆでて、冷水にとって水けを絞る。
3. ボウルですべての調味料とごまを混ぜ合わせ、2を加えて混ぜる。

春菊のチーズサラダ

◆材料（2人分）
春菊…½束
　めんつゆ…小さじ2
　粉チーズ…大さじ1

◆作り方
1. 春菊は長さ3cmに切る。
2. ボウルに1を入れ、めんつゆを加えて混ぜる。
3. 器に盛り、粉チーズをふる。

冬野菜

焼きねぎの一味しょうゆ

◆材料（2人分）
長ねぎ…1〜2本
　サラダ油…小さじ1
　しょうゆ…少々
　一味唐辛子…適宜

◆作り方
① 長ねぎは長さ3cmのぶつ切りにする。
② フライパンにサラダ油を熱し、①を入れ、転がしながら焼き色が付くまで焼く。
③ 器に盛り、しょうゆをかけ、好みで唐辛子をふる。

ブロッコリーのしょうが蒸し

◆材料（2人分）
ブロッコリー…1個
　しょうゆ…小さじ1½
　おろししょうが…小さじ½

◆作り方
① ブロッコリーは小房に切り分け、芯は皮をむき、短冊切りにする。
② フライパンに①と水（大さじ3）を入れて火にかけ、ふたをして3分、弱めの中火で加熱する。
③ しょうゆ・しょうがを加えてさっと混ぜる。

その他の冬野菜

アレンジアイデアと献立ノート

ほうれんそうのナムル

野菜をおいしく食べられる、韓国の定番料理。簡単で風味がよく、作り置きにもぴったり！

◆調理のポイント
冷水にとった後は、しっかり水けをしぼることがポイント。水けがないほうが、味がよく染みこみます。

◆アレンジアイデア
せん切りにしたにんじんや、もやしを加えると、彩り豊かになります。また、韓国のりを散らすと味わい豊かに。

◆献立のポイント
さばのみそ煮や、みそ豚など、みそベースの主菜と合わせると、ごまの香ばしさが引き立ちます。

※副菜2は、ほうれんそう以外にするとバランスがよくなります。本書の中からお好みで選びましょう。

春菊のチーズサラダ

生の春菊の苦味がたまらない！　粉チーズとめんつゆのダブルのうまみで、無限に食べられます。

◆調理のポイント
春菊は買ってすぐ、新鮮なうちに作ってください。時間が経つとしなっとしてしまい、作り置きにはむかないので、早めに食べきってください。

◆アレンジアイデア
カリカリに焼いたベーコンや、スライスした玉ねぎなどを加えても◎。

◆献立のポイント
春菊は生だと加熱に弱いビタミンCがとれます。油ととるとβカロテンの吸収が高まるので、主菜は揚げ物を。

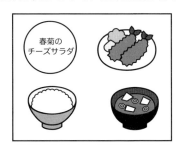

※主菜の付け合わせは、春菊以外にするとバランスがよくなります。本書の中からお好みで選びましょう。

冬野菜

焼きねぎの一味しょうゆ

焼くと、表面は香ばしく中はとろり。ねぎの甘みが存分に味わえる絶品副菜です。

◆調理のポイント
焦らず中火で焼くこと。強火だと焼き色はすぐ付きますが、中まで火が通る前に表面が焦げてしまうので注意を。

◆アレンジアイデア
作り置きにするなら、このままめんつゆやポン酢に漬けると味が染みておいしくなります。

◆献立のポイント
うどんやそばに。焼き魚や煮魚に添えれば臭みを消してくれ、豚の角煮など肉料理には風味を添えてくれます。

※副菜2は、ねぎ以外にするとバランスがよくなります。本書の中からお好みで選びましょう。

ブロッコリーのしょうが蒸し

ブロッコリーの一味違った調理法。ゆでるより、栄養素の流出も少なく、すぐできる！

◆調理のポイント
おろししょうがを加えることで、香りよく仕上がります。少量おろすのが面倒な方は、チューブのしょうがを使っても大丈夫です。

◆アレンジアイデア
かぶやカリフラワー、豚こま切れ肉やそぎ切りにした鶏胸肉などを一緒に蒸してもおいしくできます。

◆献立のポイント
しょうがとしょうゆがベースなので、しょうがじょうゆと相性のよい、唐揚げや、ステーキなどに合います。

※主菜の付け合わせは、ブロッコリー以外にするとバランスがよくなります。本書の中からお好みで選びましょう。

その他の冬野菜

column 中井家の食卓

　この本では中井家の定番料理もたくさん紹介しています。
　私も子育てをしながら、仕事をこなしており、手間暇かけて料理を作ることはなかなかかないません。
　また、我が家は3人家族なので、たくさん作っても余ってしまうこともあります。とはいえ、少量作るのもかえって手間がかかります。
　そこで、残っても大丈夫なように、手軽にできて、作り置きにもできる料理が自然と多くなりました。
　レシピを提案するときは、管理栄養士なので、その素材の栄養素を一番生かせる調理法をまず考えます。そのうえで作りやすいものを、と考えています。作りやすいレシピとは、次の3つの条件を満たしているものだと思います。

① 使う食材の種類が少ない
② 難しい調味料がない
③ 工程が少ない

　献立を決めるのが難しい、と悩んでらっしゃる方も多いようですが、私の場合、まず主菜の食材から決めます。豚肉か牛肉か鶏肉か魚か……まず主菜を決めて、それに合う副菜を作りますが、副菜は、素材が何であれ、調理法次第で主菜に合わせることができます。ですから、副菜のレパートリーは多ければ多いほど良いと思います。
　また、1品でも作り置きのおかずがあると、食事の準備が手軽になり、品数を増やすことができます。品数が増えると、それだけで栄養バランスもよくなります。さらに、作り置きして寝かせたほうが、味が染みておいしくなるのもうれしいですね。

すぐできて、作り置きにもなる！　がいちばん

作り置きを組み合わせて、朝食やランチプレートに

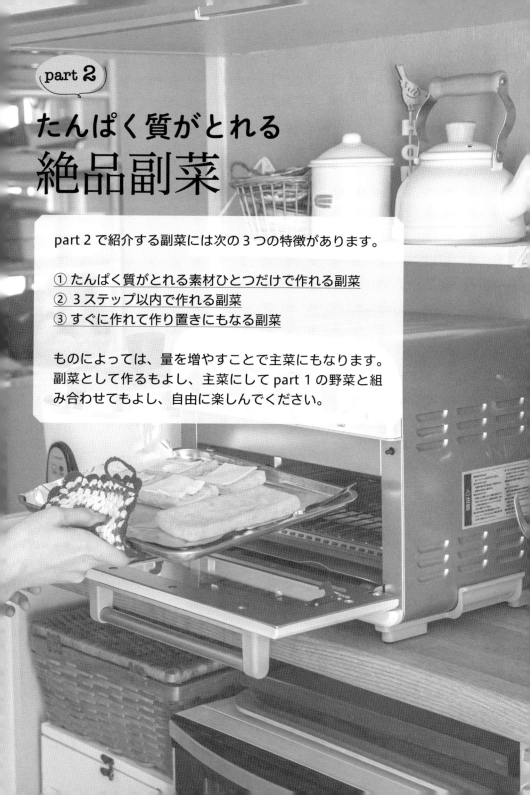

part 2

たんぱく質がとれる
絶品副菜

part 2 で紹介する副菜には次の 3 つの特徴があります。

① たんぱく質がとれる素材ひとつだけで作れる副菜
② 3 ステップ以内で作れる副菜
③ すぐに作れて作り置きにもなる副菜

ものによっては、量を増やすことで主菜にもなります。副菜として作るもよし、主菜にして part 1 の野菜と組み合わせてもよし、自由に楽しんでください。

たんぱく質がとれる素材

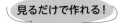
見るだけで作れる！
いちばん簡単な副菜

鶏胸肉

準備 酒と塩をふって電子レンジで加熱する

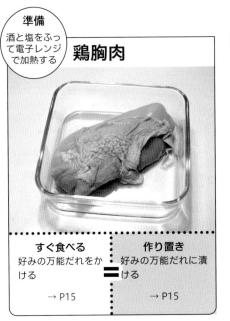

すぐ食べる	作り置き
好みの万能だれをかける	好みの万能だれに漬ける
→ P15	→ P15

ささ身

準備 酒をふって電子レンジで加熱する

すぐ食べる	作り置き
好みの万能だれをかける	好みの万能だれに漬ける
→ P15	→ P15

卵

準備 ゆでる

すぐ食べる	作り置き
塩をふる	水で3倍に薄めためんつゆに漬ける
	→ P14下

豆腐

準備 一口大に切る

すぐ食べる	作り置き
しょうゆをかける	水で3倍に薄めためんつゆに漬ける
	→ P14下

体によくて低カロリー。でも、多くの方が扱いに自信がない、レパートリーがない……そんな食材を集めてみました！　スーパーなどでいつでも買える食材なので、年間通して便利に使えます。

厚揚げ

準備　熱湯をかけて油ぬきして一口大に切る

すぐ食べる　しょうゆをかける

作り置き　水で3倍に薄めためんつゆに漬ける　→ P14 下

油揚げ

準備　表面を拭く

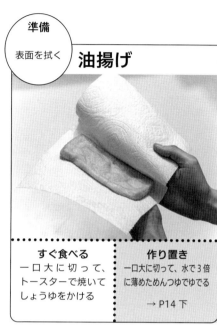

すぐ食べる　一口大に切って、トースターで焼いてしょうゆをかける

作り置き　一口大に切って、水で3倍に薄めためんつゆでゆでる　→ P14 下

レバー

準備　一口大に切って血ぬき（P119）してゆでる

すぐ食べる　好みの万能だれをかける　→ P15

作り置き　好みの万能だれに漬ける　→ P15

砂肝

準備　筋をとり、一口大に切ってゆでる

すぐ食べる　好みの万能だれをかける　→ P15

作り置き　好みの万能だれに漬ける　→ P15

たんぱく質がとれる素材

鶏胸肉・ささ身

卵・豆腐

厚揚げ・油揚げ

レバー・砂肝

たんぱく質がとれる素材の扱い方 ひと口メモ

鶏胸肉

高たんぱくで低脂肪。ヘルシー食材として人気。

◆保存のポイント
水分が多く傷みやすいため、生で冷蔵保存するならキッチンペーパーで水分を拭うこと。小分けにして冷凍保存か、調理後の保存がおすすめ。

◆調理のポイント
加熱しすぎるとパサパサになるので注意。酒をふることでやわらかくなり、パサつきを防げます。

ささ身

低脂肪でヘルシー。低価格なのに、上品な味わいが魅力です。

◆保存のポイント
冷蔵保存は日持ちしないので、耐熱皿に入れ、鶏胸肉（P118左上）同様に酒をふって、電子レンジで加熱した後、冷凍保存がおすすめ。

◆調理のポイント
筋をとることでやわらかくなり味も染みやすくなります。筋をとらないと縮んでしまうことがあるのと、加熱しすぎるとパサパサするので注意を。

卵

完全栄養食と呼ばれるほど栄養豊富。冷蔵庫に常備したい食材ナンバー1。

◆保存のポイント
ゆでておくと、朝など忙しいときに手軽に食べられます。生で保存する場合は、とがったほうを下にすると、ある程度劣化が防げます。

◆調理のポイント
料理の前は基本的には室温に戻したほうがうまくいきます。卵焼きなどは、他の素材と混ざりやすくなり、ゆで卵は殻が割れにくくなります。

豆腐

低カロリーで高たんぱく。大豆イソフラボン、カルシウムなどを含みます。

◆保存のポイント
水に浸けて保存が基本です。木綿は冷凍保存も可能。絹ごし豆腐は、滑らかな食感が失われるので、冷蔵保存を。

◆調理のポイント
水きりで料理の汎用性が高まります。冷蔵庫の中でキッチンペーパーに包んでおくだけでOKです。

厚揚げ

豆腐の加工品の一つで、木綿豆腐を水きりして揚げたものです。

◆保存のポイント
冷凍すると質感が変化してしまうので、できるだけ空気に触れないように密閉して冷蔵保存してください。

◆調理のポイント
油ぬきは、熱湯をかけるのが正式ですが、焼く際は表面をキッチンペーパーで拭うだけでもOK！

油揚げ

厚揚げと同じく豆腐の加工品の一つ。厚揚げと異なるのは、豆腐を薄くして揚げた点です。

◆保存のポイント
日持ちしないので、冷凍保存を。油ぬきしてから保存すれば凍ったまま使えます。

◆調理のポイント
厚揚げと同様に、熱湯をかけるのが正式ですが、キッチンペーパーで挟むようにして（P119左上）油を拭き取るだけでも大丈夫です。

レバー

鉄分やビタミンA（目や肌の健康維持に役立つ）が豊富。

◆保存のポイント
血ぬきしてゆでて冷蔵または冷凍保存が効率よい保存法です。

◆調理のポイント
①ハツとレバーをはずし、白い部分を包丁で取り除く。
②水をはったボウルに入れて円を描くようにかき混ぜる。これを水を変えながら3回くり返し血ぬきする。

砂肝

低カロリーで、鉄や亜鉛を含むヘルシーな食材です。

◆保存のポイント
レバーより手がかかりません。ゆでて、すぐ食べるなら冷蔵保存、ゆっくり食べるなら冷凍保存を。ゆでておけば味付けだけで食べられるので便利。

◆調理のポイント
筋と銀皮という硬い部分（青白い部分）は、包丁ではずしましょう。表面に深めに切り込みを入れておくと（P127下）火が通りやすくなります。

鶏胸肉の副菜

鶏胸肉のチャーシュー

◆材料（2人分）
鶏胸肉…1枚（300g）
みそ・しょうゆ…各大さじ1½
みりん…大さじ1½
砂糖…大さじ1½
酒…大さじ2
おろしにんにく…小さじ½
おろししょうが…小さじ½

◆作り方
❶鶏胸肉はフォークで両面を50回ずつ刺す。
❷鍋にすべての材料を入れて混ぜ合わせ、❶を加えてふたをして中火にかける。沸騰後6分煮て、裏返してさらに6分煮る。
❸食べやすい厚さに切る。

鶏胸肉のステーキ

◆材料（2人分）
鶏胸肉…1枚
A ｛ 塩…小さじ⅓
　　砂糖…小さじ1
薄力粉…大さじ1
サラダ油…適量
B ｛ しょうゆ・みりん…各大さじ1½
　　砂糖…小さじ2

◆作り方
❶鶏肉は包丁で厚みを開き、Aをすり込み粉をまぶす。
❷フライパンにサラダ油を熱し、❶を皮を下にして入れ、中火で4分焼く。
❸裏返してふたをして、弱火で6分蒸し焼きにする。肉に火が通ったらふたをとり、Bを加え、少し火を強めてたれを絡める。

ささ身の副菜

たんぱく質がとれる素材

鶏胸肉・ささ身

ささ身のラー油漬け

◆材料（2人分）
ささ身…6本
　しょうゆ…大さじ2
　みりん…大さじ2
　ラー油…大さじ½

◆作り方
❶ささ身は筋をとる。ポリ袋にすべての材料を入れてもみ込み、30分おく。
❷耐熱容器に❶を並べ、ラップをして電子レンジで2分半加熱し、いったんとり出す。
❸❷を裏返して、さらに2分半加熱する。

ささ身のチーズ焼き

◆材料（2人分）
ささ身…4本
　塩・こしょう…少々
　溶けるチーズ（スライス）…4枚
　ドライパセリ…適量

◆作り方
❶ささ身は筋をとり、アルミホイルに並べる。塩・こしょうをふり、チーズを載せる。
❷トースターで8分ほど焼き、肉に火が通ったらとり出す。
❸器に盛り、ドライパセリをふる。

卵の副菜

塩卵

◆材料（2人分）
卵…4個
　塩…小さじ1

◆作り方
❶卵は熱湯で7分ゆでる。湯を切ったら氷水で一気に冷やす。
❷水（カップ1）と塩を保存袋に入れ、塩が溶けるまでよく混ぜる。
❸殻をむいた卵を加えて1日漬ける。好みで食べやすく切る。

卵焼き

◆材料（2人分）
卵…3個
　しょうゆ…小さじ2
　砂糖…小さじ2
　サラダ油…適量

◆作り方
❶ボウルに卵を割り、ほぐす。
❷しょうゆ・砂糖を混ぜ合わせ、水（大さじ2）を加える。
❸卵焼き器（なければフライパンでも可能）にサラダ油を熱し、数回にわけ、少量ずつ広げては巻き込み、をくり返し、焼く。

豆腐の副菜

豆腐のオイスターソース煮

◆材料（2人分）
木綿豆腐…1丁
A ┃ オイスターソース…大さじ1
　 ┃ 砂糖・しょうゆ…各大さじ½
　 ┃ おろししょうが…小さじ1
　 ┃ 輪切り唐辛子…少々
万能ねぎ（小口切り）…適量

◆作り方
❶豆腐は食べやすい大きさに切り分ける。
❷鍋にA、水（カップ¾）を入れて火にかけ、煮立ったら❶を加えて10分煮る。
❸器に盛り、万能ねぎを散らす。

崩し豆腐ののりサラダ

◆材料（2人分）
絹ごし豆腐…1丁
焼きのり（全形）…½枚
ごま…適量
しょうゆ…小さじ2
ねりわさび…小さじ½

◆作り方
❶水切りした絹ごし豆腐をスプーンですくって器に盛る。
❷のりはちぎって載せ、ごまをふる。
❸しょうゆとわさびを混ぜ合わせ、❷にかける。

卵・豆腐

たんぱく質がとれる素材

厚揚げの副菜

厚揚げの煮物

◆材料（2人分）
厚揚げ…2枚
　だし汁…カップ1
　しょうゆ…大さじ1½
　みりん…大さじ1½
　砂糖…小さじ1
　長ねぎ（斜め切り）…適量

◆作り方
❶厚揚げは熱湯を回しかけて油ぬきし、一口大に切る。
❷すべての調味料を鍋に入れて火にかけ、煮立ったら厚揚げを加える。落としぶたをして中火で10分煮る。
❸器に盛り、長ねぎを散らす。

厚揚げのケチャップソース

◆材料（2人分）
厚揚げ…2枚
　片栗粉…大さじ1
A ｛ケチャップ…大さじ4
　　酒…大さじ3
　　おろしにんにく…小さじ1
　　サラダ油…大さじ1
　白いりごま…適量

◆作り方
❶厚揚げはキッチンペーパーで油を拭き、サイコロ状に切り、片栗粉をまぶす。
❷フライパンにサラダ油を熱し、❶を入れて転がしながら中火で焼き、混ぜ合わせたAを加えて絡める。
❸器に盛り、ごまをふる。

油揚げの副菜

油揚げのねぎおかか

◆材料（2人分）
油揚げ…1枚
　しょうゆ…適量
　万能ねぎ（小口切り）…適量
　削り節…適量

◆作り方
❶油揚げはトースターで焼く。
❷❶を食べやすい大きさに切り分ける。
❸器に盛り、しょうゆをかけ、万能ねぎを散らし、削り節をふる。

油揚げのたらこチーズ焼き

◆材料（2人分）
油揚げ…1枚
　たらこ…½本
　マヨネーズ…大さじ1
　溶けるチーズ（スライス）
　…適量
　刻みのり…適量

◆作り方
❶油揚げはキッチンペーパーで油を拭き、半分に切ってアルミホイルに並べる。
❷たらこの薄皮を取り除きマヨネーズと混ぜ、❶に塗り、チーズを載せ、トースターで焼き色が付くまで焼く。
❸皿に盛り、刻みのりを散らす。

レバーの副菜

レバーのごまポン酢

◆材料（2人分）
鶏レバー…200g

A ┬ 白いりごま…大さじ1
　├ ポン酢しょうゆ…大さじ2
　├ しょうゆ…大さじ2
　├ 砂糖…小さじ1
　└ ごま油…大さじ1

◆作り方
❶レバーは小さめの一口大に切り、血抜き（P119下）する。
❷鍋に湯（1ℓ）を沸かし、酒大さじ1（分量外）と❶を加え5分ゆで、そのまま10分おく。
❸ボウルでAを混ぜ合わせ、❷をざるにあげ、湯を切り、ボウルに加えて混ぜる。

レバーのソース煮

◆材料（2人分）
鶏レバー…240g
酒…大さじ2
中濃ソース…大さじ3
しょうが（せん切り）…1片分

◆作り方
❶レバーは小さめの一口大に切り、血抜き（P119下）する。
❷鍋にすべての調味料・❶・しょうがを入れて中火にかける。
❸沸々してきたら弱火にして、10分ほど煮る。

砂肝の副菜

たんぱく質がとれる素材

砂肝のねぎ和え

◆材料（2人分）
砂肝…200g
　長ねぎ（みじん切り）…⅓本分
　おろししょうが…小さじ½
　おろしにんにく…小さじ½
　しょうゆ…大さじ1
　砂糖…大さじ½

◆作り方
❶ボウルで砂肝以外のすべての材料を混ぜて合わせておく。
❷砂肝は筋をとり、食べやすい大きさに切って、熱湯で弱火で3分ゆでる。
❸❷をざるにあげ水気を切り、❶に加えて和える。

砂肝の七味焼き

◆材料（2人分）
砂肝…200g
　ごま油…小さじ2
　塩…小さじ⅓
　七味唐辛子…適量

◆作り方
❶砂肝は筋と銀皮をとり、表面に切り込みを入れる。
❷フライパンにごま油を熱し、砂肝を加えて中火で火が通るまで4～5分炒める。
❸塩・七味唐辛子をふる。

レバー・砂肝

● 著者プロフィール

中井エリカ（なかい・えりか）

大妻女子大学卒業後、管理栄養士として社員食堂に勤務。主に献立やレシピ作成に従事。
現在はフリーの管理栄養士としてYouTubeチャンネル「食堂あさごはん」で料理動画を投稿している。冷蔵庫にある普通の食材、普通の調味料で簡単においしくできる「作りおき」レシピが人気。YouTube登録者数64万人、Instagram登録者数13万人。

装幀・本文デザイン	株式会社イオック（目崎智子）
本文組版	有限会社ダイワコムズ
図版制作	カジワラユカリ
写真撮影	杉山和行（講談社写真映像部）

素材ひとつですぐできる
絶品副菜
そざい
ぜっぴんふくさい

2025年5月13日　第1刷発行

著　者	中井エリカ
発行者	清田則子
発行所	株式会社講談社
	〒112-8001　東京都文京区音羽2-12-21
	販売　03-5395-5817
	業務　03-5395-3615
編　集	株式会社講談社エディトリアル
代　表	堺 公江
	〒112-0013 東京都文京区音羽1-17-18　護国寺SIAビル
	編集部　03-5319-2171
印刷所	株式会社東京印書館
製本所	大口製本印刷株式会社

定価はカバーに表示してあります。
落丁本・乱丁本は購入書店名を明記のうえ、講談社業務あてにお送りください。送料は小社負担にてお取り替えいたします。なお、この本の内容についてのお問い合わせは、講談社エディトリアルあてにお願いいたします。本書のコピー、スキャン、デジタル化等の無断複製は著作権法上での例外を除き禁じられています。本書を代行業者等の第三者に依頼してスキャンやデジタル化することは、たとえ個人や家庭内の利用でも著作権法違反です。

©Erika Nakai 2025, Printed in Japan
N.D.C.596 128p 21cm ISBN978-4-06-539295-9